朝代

历代王朝兴衰

郭伟伟　编著　胡元斌　丛书主编

汕头大学出版社

图书在版编目（CIP）数据

朝代：历代王朝兴衰 / 郭伟伟编著. —— 汕头：汕头大学出版社，2015.2（2020.1重印）
（中国文化百科 / 胡元斌主编）
ISBN 978-7-5658-1569-0

Ⅰ. ①朝… Ⅱ. ①郭… Ⅲ. ①中国历史 Ⅳ. ①K20

中国版本图书馆CIP数据核字（2015）第020910号

朝代：历代王朝兴衰　　CHAODAI：LIDAI WANGCHAO XINGSHUAI

编　　著：郭伟伟
丛书主编：胡元斌
责任编辑：邹　峰
封面设计：大华文苑
责任技编：黄东生
出版发行：汕头大学出版社
　　　　　广东省汕头市大学路243号汕头大学校园内　邮政编码：515063
电　　话：0754-82904613
印　　刷：三河市燕春印务有限公司
开　　本：700mm×1000mm　1/16
印　　张：7
字　　数：50千字
版　　次：2015年2月第1版
印　　次：2020年1月第2次印刷
定　　价：29.80元
ISBN 978-7-5658-1569-0

前　言

中华文化也叫华夏文化、华夏文明，是中国各民族文化的总称，是中华文明在发展过程中汇集而成的一种反映民族特质和风貌的民族文化，是中华民族历史上各种物态文化、精神文化、行为文化等方面的总体表现。

中华文化是居住在中国地域内的中华民族及其祖先所创造的、为中华民族世世代代所继承发展的、具有鲜明民族特色而内涵博大精深的传统优良文化，历史十分悠久，流传非常广泛，在世界上拥有巨大的影响。

中华文化源远流长，最直接的源头是黄河文化与长江文化，这两大文化浪涛经过千百年冲刷洗礼和不断交流、融合以及沉淀，最终形成了求同存异、兼收并蓄的中华文化。千百年来，中华文化薪火相传，一脉相承，是世界上唯一五千年绵延不绝从没中断的古老文化，并始终充满了生机与活力，这充分展现了中华文化顽强的生命力。

中华文化的顽强生命力，已经深深熔铸到我们的创造力和凝聚力中，是我们民族的基因。中华民族的精神，也已深深植根于绵延数千年的优秀文化传统之中，是我们的精神家园。总之，中国文化博大精深，是中华各族人民五千年来创造、传承下来的物质文明和精神文明的总和，其内容包罗万象，浩若星汉，具有很强文化纵深，蕴含丰富宝藏。

中华文化主要包括文明悠久的历史形态、持续发展的古代经济、特色鲜明的书法绘画、美轮美奂的古典工艺、异彩纷呈的文学艺术、欢乐祥和的歌舞娱乐、独具特色的语言文字、匠心独运的国宝器物、辉煌灿烂的科技发明、得天独厚的壮丽河山，等等，充分显示了中华民族厚重的文化底蕴和强大的民族凝聚力，风华独具，自成一体，规模宏大，底蕴悠远，具有永恒的生命力和传世价值。

在新的世纪，我们要实现中华民族的复兴，首先就要继承和发展五千年来优秀的、光明的、先进的、科学的、文明的和令人自豪的文化遗产，融合古今中外一切文化精华，构建具有中国特色的现代民族文化，向世界和未来展示中华民族的文化力量、文化价值、文化形态与文化风采，实现我们伟大的"中国梦"。

习近平总书记说："中华文化源远流长，积淀着中华民族最深层的精神追求，代表着中华民族独特的精神标识，为中华民族生生不息、发展壮大提供了丰厚滋养。中华传统美德是中华文化精髓，蕴含着丰富的思想道德资源。不忘本来才能开辟未来，善于继承才能更好创新。对历史文化特别是先人传承下来的价值理念和道德规范，要坚持古为今用、推陈出新，有鉴别地加以对待，有扬弃地予以继承，努力用中华民族创造的一切精神财富来以文化人、以文育人。"

为此，在有关部门和专家指导下，我们收集整理了大量古今资料和最新研究成果，特别编撰了本套《中国文化百科》。本套书包括了中国文化的各个方面，充分显示了中华民族厚重文化底蕴和强大民族凝聚力，具有极强的系统性、广博性和规模性。

本套作品根据中华文化形态的结构模式，共分为10套，每套冠以具有丰富内涵的套书名。再以归类细分的形式或约定俗成的说法，每套分为10册，每册冠以别具深意的主标题书名和明确直观的副标题书名。每套自成体系，每册相互补充，横向开拓，纵向深入，全景式反映了整个中华文化的博大规模，凝聚性体现了整个中华文化的厚重精深，可以说是全面展现中华文化的大博览。因此，非常适合广大读者阅读和珍藏，也非常适合各级图书馆装备和陈列。

目 录

政权剧变

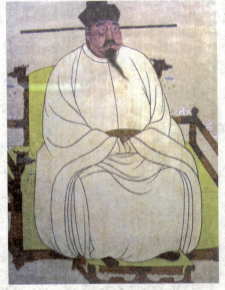

王朝盛衰

诸侯风云

春秋战国是我国历史上的上古时期。夏商周既是逐次更替的朝代，又是交叉并存的部族集团，在政治上都是分封制，在经济上都是井田制，在王位继承上都是嫡长子继承制。它们是不可分割的，并且分别代表着我国奴隶制的形成、发展和结束。

夏朝的建立，标志着原始社会到奴隶制社会的历史转折基本完成；商朝的奴隶制已经达到鼎盛时期；春秋战国时期，奴隶制处在前所未有的变革之中。随着诸侯兼并的结束，华夏文明已经露出"大一统"的曙光。

第一个奴隶制王朝夏朝

夏朝的建立者是禹。夏朝是我国历史上的第一代奴隶制王朝，史称"夏"。

夏朝政权存在的时间，大约在公元前2070年至公元前1600年间，共传承14代，产生17位帝王。后来，夏朝在末代帝王夏桀时被商汤所灭。

夏朝的建立，开创了我国近4000年君主世袭的先河。夏朝作为我中上古三代的开始，为华夏文明的发展打下了良好的基础，开创了我国历史的先河。

随着我国古代原始氏族社会组织的逐渐解体，聚居在中原地区黄河中下游两岸的夏部族逐渐兴盛起来。夏部族生活的地方，是我国原始先民的主要活动区域，也是夏王朝的统治中心地带。西起河南省西部和山西省南部；东至河南省、山东省和河北省三省交界处；南起湖北省，北至河北省。当时夏的势力延伸到黄河南北，甚至长江流域。

在当时，夏部族为了与周围其他部族争夺联盟首领地位，曾发生过频繁的战争。夏部落首领禹因治水有功，得到了虞舜的重用并最终将部落联盟首领之位禅让于他。

在大禹治水的过程中，留下了许多感人的事迹。相传他借助自己发明的原始测量工具——准绳和规矩，走遍了大河上下，用神斧劈开龙门和伊撅，凿通积石山和青铜峡，使河水畅通无阻。他治水居外13年，三过家门而不入，连自己刚出生的孩子都没工夫去爱抚，他不畏艰苦，身先士卒，腿上的汗毛都在劳动中被磨光了。

传说大禹治水后，划神州大地为九州，他要在每个州都立一个扶正祛邪的纪念物，于是搜集天下青铜铸成九鼎，每一鼎代表一个州。他在每件鼎上都刻着助人行善的神、害世伤民的鬼蜮等各种各样的形象，让每个人都牢记这些形象，从而可以辩识世间的一切好与坏，善与恶，让每人以此为德行标志，照此做人行事。从此，九鼎就成为国家政权的象征。

九鼎铸造标志着我国历史告别石器时代进入青铜时代，告别野蛮状态进入文明时期，告别氏族部落组织迈进王朝更迭阶级社会，具有开天之功。九鼎此后在夏商周三代权力嬗变中，一直作为王朝的传国之宝，祀于庙堂。

禹在取得首领地位后，又对三苗民族发动战争，他在出征前曾统率众多的邦国君长举行"誓师大会"，他在会上说："天下郡国，都必须听从我的命令，谁敢不听，蠢蠢乱动，譬如三苗，我就要奉行天命，予以征伐。"

结果，不到一个月时间，三苗就被打得落花流水，又过了一个多月，三苗族便服服贴贴地前来纳贡称臣了。随着中原及周边诸族对夏王朝臣服，禹成功地维护了王权世袭。禹去世后，他的儿子启继承王位。这种废"禅让"而实行父传子的王位继承方式，引起了夏朝争夺王位的激烈斗争。东方偃姓集团首领伯益，首先起来反对启，占据王位，结果伯益被启打败。

西方的同姓邦国有扈氏也曾起兵反对启继承王位，启亲率大军进行讨伐。他与有扈氏在甘地大战，有扈氏最后战败。

启经过巩固王位的激烈斗争，确立了王位世袭制。于是，众多邦国首领都聚集到阳翟，就是现在的河南省禹县境内，向启朝会，启就在禹县南的钧台举行宴会。这就是历史上有名的"钧台之享"。这是我国古代历史上第一次"开国大典"和"国宴"。

启做了王以后，改变了当年简朴的做法，生活上开始腐败起来。他整天在王宫里喝酒玩乐，或者带着一帮人外出打猎。腐败的生活缩短了他的寿命，很快他就死去了，他的大儿子太康继承了王位。

谁知，太康做了王以后，他丢开国家大事不管，带着家里人和亲信到洛水北岸去打猎，一去就是几个月，快乐得都忘了回家。

此时，东夷族首领叫做后羿，他是个百发百中的射箭能手。后羿看到太康长期出外打猎，丢下国家大事不管，引起老百姓的怨恨，就乘机夺取了夏朝的首都安邑，也就是后来的山西省安邑县境内。不让太康回来，史称"太康失国"。

太康失国后不久死去，族人立他的弟弟中康，流落于洛水附近。中康死后，其子后相被迫逃往帝丘，即今河南省濮阳。这里有他的同姓诸侯斟寻氏以及斟灌氏。后来，后羿被部下寒浞除掉，寒浞代夏。寒浞为防止夏的势力复兴，就加紧了对夏遗臣后相势力的追剿。最后灭掉后相，并征服了后相的同姓诸侯。

然后封自己的儿子浇于过，即今山东省掖县北，或疑在今河南省太康县东南；封豷于戈，即在宋、郑间，约当今豫中偏东部，以控制东方。当寒浞攻杀后相之时，后相的妻子后缗东逃至鲁西南母家有虞氏之地，生下遗腹子少康。少康长大后做了河南虞城有虞氏的庖正。有虞氏

的君主虞思把二女儿嫁给少康为妻，并把嵩山附近的纶邑这个地方分封给少康。当时少康"有田一成，众一旅"，他于是积极争取夏的民众，准备复国。

少康在斟寻和斟灌余下民众的协助下，灭掉了寒浞和他的儿子浇和豷，从而结束了后羿与寒浞40年左右对夏的统治，恢复了夏王朝的政权。这就是历史上有名的"少康复国"。

夏朝经过较长一段时间的中兴稳定局面后，到第十四位帝王孔甲在位时，内部矛盾日趋激化。从孔甲帝王开始，经过夏皋与夏发两个帝王，直至夏桀，整个夏朝都内乱不止。特别是到了夏桀，他是一个暴君。他不用贤良，不忧恤民众，百姓都难以忍受。后来，夏朝的一方之长汤兴兵讨伐夏桀。夏桀众叛亲离，最后死去。

至此，我国历史上第一个世袭王朝夏朝灭亡了。

拓展阅读

传说在帝尧时期，黄河流域经常发生洪水。于是鲧来负责治理工作。他采用筑堤围堵的办法以防洪水，治水9年而没有成功，最后被放逐了。

舜帝继位以后，任用鲧的儿子禹治水。禹总结了他父亲的治水经验教训，改围堵为疏导的办法，把洪水引入疏通的河道、洼地或湖泊，然后合流通向四海，从而平息了水患，使百姓过上安居乐业的日子。

禹因为治水有功，舜便把女儿嫁给了他，后来还把帝位禅让给了他，禹因此成为了夏朝第一代帝王。

奴隶制鼎盛的王朝商朝

商朝的建立者是汤，他去世后被谥封为"成汤"。商朝又称为"殷"、"殷商"，它从公元前1600年至公元前1046年，前后相传17世31王，至商纣王时被周武王所灭，前后延续了600余年。

商朝是我国历史上的第二个朝代，是我国第一个有直接的同时期文字记载的王朝。

商朝的农业、手工业迅速发展起来。出现了黍、稷、稻、麦等粮食作物和桑、麻、瓜果等经济作物，经济发展加快，私有制度进一步完成，商朝由此走向了奴隶制度占主要地位的时代，并开创了奴隶制度的社会。

汤姓子名履，世称商汤、武汤、天乙、成唐，甲骨文称唐、大乙，又称高祖乙。他原来是夏朝的方伯，管理着亳这个地方，亳就是现在河南商丘。由于他爱护百姓，施行仁政，所以深得民众的拥护，以至于周围的一些小国也前来慕名归附，其势力便迅速强大起来。

夏末时，夏帝王桀残暴无道，国内日趋动荡不安，汤见其形势便产生了代夏的雄心。于是，他开始实行灭夏的计划。

汤先灭掉了商附近的一小国葛国，接着不久，经过11次的出征，灭掉了夏王朝的3个重要同盟国家豕韦、顾和昆吾。大约在公元前1600年左右，汤联合各方国和部落征伐夏桀。在"鸣条之战"中，汤俘获了对战争毫无准备的夏桀。

紧接着，汤在3000名诸侯的拥戴下登上帝王之位，在亳建都，宣告商王朝的成立。商朝建国后国都频繁迁移，汤王盘庚时，迁都于殷，即今河南省安阳市，此后稳定下来，在殷建都达273年。商朝也因此又称为"殷"或"殷商"。其统治区域北至蒙古，东北至辽宁和朝鲜半岛，南至湖北、湖南、江西、福建等，西至于甘肃新疆，东至海滨东海。

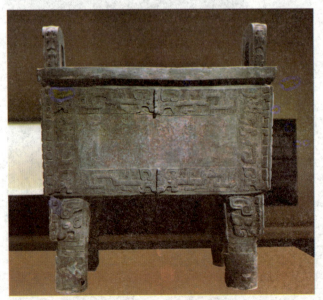

汤吸取了夏桀的教训，他广施仁政，深得民心，商朝政权得到了初步巩固。商朝的农业、手工业迅速发展起来，经济步伐加快，

私有制度进一步完成，商朝走向了奴隶制度占主要地位时代。这就是"商汤革命"时期。

商朝的农业比较发达，出现了黍、稷、稻、麦等粮食作物和桑、麻、瓜果等经济作物。已经使用多种谷类进行酿酒。

手工业也相当发达，能够铸造精美青铜器和白陶、釉陶，各种常用的器具和礼器、酒器十分精美。著名的司母戊鼎，就是其中的杰出代表。物品交换也逐渐扩大起来，并且出现了规模较大的早期城市。

商朝强盛时期的疆域东边到了大海边，西边到达现在的陕西省东部，北边到达现在的河北省的北部，南边发展到了长江岸边，成为那个时期世界上的文明大国。

商朝已经进入了我国有文字记载的历史时期，出现了甲骨文。甲骨文是我国目前发现的时代最早、体系较为完整的古代文字。甲骨文上反映了商朝对于天文天象的记载和对于干支记时法的运用等。

据考古资料看，东南和华南地区分布于长江下游两岸的"湖熟文化"、江西北部的"吴城文化"、西南地区四川境内的"巴蜀文化"以及北方内蒙古、辽宁的"夏家店下层文化"等，都不同程度地受到了商文化的影响。

太甲继承王位后，不遵守先前法令，并胡作非为，伊尹便把他放逐到桐这个地方。等到太甲悔过了，伊尹又把太甲迎接回来继续执

政，商朝统治又呈现出清明气象。

自从盘庚把都城迁到殷这个地方，商朝的国势又开始上升。武丁继承王位后，他大力选拔人才，任用傅说、甘盘、祖已等贤能志士，征服了周围的各方国，极大地扩充了商朝的疆域和人口，为生产的发展创造了条件。

这段时间，商朝的政治、经济、文化都有了空前发展，达到商朝后期的鼎盛时期，史称"武丁中兴"。武丁之后的商朝，开始逐渐走向了衰亡。武丁的儿子祖庚、祖甲相继继承王位后，在政治上没有才能，又荒淫无道，致使社会混乱，民不聊生。

商朝的最后一个帝王是商纣王，他的名字又叫帝辛。纣王喜欢饮酒，他就在地上挖个池子，并在池子中注满了酒，然后在酒上行船。纣王同姬妾亲众在池上划船饮酒。

他还大兴土木，建造了一座鹿台。地基就有150米见方。他把搜刮来的金银珠宝和美女们聚集在台上，宴饮狂欢，长达七日七夜，以至君臣姬妾都忘了日月时辰。

纣王特别宠爱一个叫妲己的女人。妲己竟想出一些坏主意，叫纣王干一些伤天害理的事。例如，她叫商纣王用一种炮烙的残酷刑罚来惩治那些反对他的人。炮烙就是用炭火把铜柱烧热后，强迫人在铜柱上爬，掉下来被熊熊燃烧的炭火活活烧死。

纣王的暴政，使得商朝的统治再也维持不下去了。治理岐山的周武王在姜尚和叔父周公旦的协助下决定进攻商朝。

公元前1066年，周武王率领兵车300辆，近卫军武士3000人，士卒4.5万人，会合各小国部队，从孟津出发，向商朝都城朝歌进军。

周武王在牧野，竖起伐纣大旗，在誓师大会上，历数纣王腐败荒淫、凶恶残暴的种种罪恶，然后指挥大军向商军进攻。因为商朝的军队主力当时正在东南地区跟东夷打仗，一时调不回来。纣王只好临时把大批奴隶武装起来，凑上70万人，开赴前线，抵抗周军进攻。

在"牧野之战"中，当周军和商军摆开阵势，准备厮杀时，商朝军队在阵前纷纷起义，掉转戈矛和周军一起杀向商纣王。纣王大败，带着少数卫士逃回朝歌。

"牧野之战"的失败，使商纣王看清了商朝末日即将来临，他就在鹿台点火自焚了。至此，我国历史上奴隶制鼎盛的商王朝灭亡。

拓展阅读

商汤重视人才。他手下有个厨师叫伊尹，伊尹见汤是个贤德的君主，便向他提出自己的治国主张。

一次，伊尹借汤询问饭菜的事，说："做菜既不能太咸，也不能太淡，要调好作料才行；治国如同做菜，既不能操之过急，也不能松弛懈怠，只有恰到好处，才能把事情办好。"

商汤听了，很受启发，当即命伊尹为阿衡，即宰相。在商汤和伊尹的经营下，商汤的力量开始壮大，终于灭掉无道的夏桀，建立了新政权。

这就是"治大国若烹小鲜"的故事。

奴隶制走向衰亡的西周

西周是由周文王之子周武王姬发灭商后所建立，定都于镐京和丰京，即今陕西省西安市西南。西周王室东迁洛邑后，历史上将东迁之前这一时期的周朝称为西周。西周政权的存在时间为公元前1046年至公元前771年，共传12王，历时275年。

西周是我国奴隶社会的鼎盛时期，周文王时期势力逐步强大。武王继位，西周建立。通过宗法制和分封制，使周王朝成为地域空前广大的奴隶制国家。

西周是我国第二个也是最后一个世袭奴隶制王朝。在西周时期，境内各个民族与部落不断融合，成为现代各民族的前身。

周原是商王朝统治下西面的一个方国，传说是帝喾的后裔，属于姬姓之族。姬姓的周族经历了好几代，传到古公亶父时，他将周族迁到岐山南面。岐山位于现在的陕西省西部。

古公亶父在这里兴建城邑，疆理田地，很快就使周呈现出一片繁荣的景象。而岐山也就成为了周室肇基之地，是周文化的发祥地。

有了雄厚的经济基础，周的军事力量也很快增强。散居在岐山西北一带西戎诸部落，都被周人击败逃走；附近的一些小邦，也纷纷归服于周。古公亶父在岐山把周发展成了一个新兴的强大势力。

古公亶父之子季历继位后，进一步展开对西北诸戎部落的进攻，并取得重大胜利，成为商王朝西面的强族。

周人势力的迅速发展，更加剧了与商王朝的矛盾。商王文丁竟杀死季历。季历被杀后，他的儿子姬昌继立。姬昌连续征伐犬戎、密须、黎、邗，最后攻灭后来陕西长安西北崇国，并在崇国的沣水西岸兴造丰邑，而且把都城搬迁到那里。这时，关中平原全部为周所有，周国已经相当强大，但在名义上仍然是商朝管理下的一个诸侯国。

面对周人不断壮大，商王朝君臣不安。商纣王亲信崇侯虎向商纣王进谗言，说周人势力太大恐怕不利于商王。于是，商纣王趁姬昌来朝献地未归，将姬昌囚禁。后来姬昌属臣为营救他出狱，搜求美女、宝马和珠玉献给商纣王。于是，商纣王放姬昌出狱，并封西伯侯。

姬昌出狱后，决心灭商。他礼贤下士，励精图治，发展生产，使西周拥有了更多土地和人口。他去世后，他儿子姬发继承他，这就是周武王。周武王为了完成父亲遗愿，加紧筹备，决心灭商纣王。

这时的商纣王已经越来越残暴了，他杀死了比干，囚禁了箕子，商朝矛盾急剧激化。于是，周武王在继位的第二年，带领军队到商都

附近的孟津演练军队，以试探商朝虚实。这有名的"孟津观兵"。周武王发现时机还不够成熟，就暂时撤了回来。

公元前1046年初，周武王认为时机已到，就率军到了孟津，与诸侯相汇合，并发表誓词，声讨商纣王的罪行。誓师之后，周武王率诸侯联军挥兵东进，与商纣王的军队在牧野决战。此役一战定乾坤，商朝被灭亡了。

周武王攻克商都后，把商朝畿内划分为邶、都、卫三国，就把邶国封给纣王的儿子武庚，鄘国和卫国就由周武王的弟弟管叔鲜和蔡叔度分别管理。然后，他带领军队西归，回到他新迁的都邑镐京举行盛大典礼，正式宣告周朝建立。并追封姬昌为"周文王"。

西周初年所封诸侯，均由中央控制。西周分封，是以宗法血缘关系为纽带，建立起周天子统辖下的地方行政系统，从而在一定时期内起到了加强周王朝统治的作用。分封制还为维护天子、诸侯、卿、大夫、士这一等级序列的礼制的产生，提供了重要前提。

周武王去世后，太子姬诵继承王位，这就是周成王。周成王年幼，就由曾经辅佐武王克商的周公旦代理朝政。周公旦制礼作乐，不仅使当时的各种仪式更加规范，也奠定了后世"礼"的基础。

西周在周成王姬钊、周康王姬瑕相继在位的40余年间，形成了安定强盛的政治局面，国力强盛，经济繁荣，文化昌盛，社会安定，刑具一直不曾动用过。后世将这段时期的统治誉称为"成康之治"。

在周康王之后，西周王朝又经历了姬满、姬繄扈、姬囏、姬辟方、姬燮、姬胡和姬静诸王。其后即位的周幽王姬宫涅是个荒淫无道的昏君，因而导致西周王朝内外交困。

周幽王为了讨褒姒欢心，又罔顾老祖宗的规矩，废黜王后申氏和太子宜臼，册封褒姒为后，褒姒生的儿子伯服为太子，并下令废去王后的父亲申侯的爵位，还准备出兵攻伐他。

申侯得到消息，先发制人，联合犬戎兵马，于公元前771年进攻镐京。犬戎攻破西周都城，杀死了幽王后退走。至此，西周宣告灭亡。

公元前770年，原来的太子姬宜臼在申侯等人拥立下即位。因镐京已遭战争破坏，而周朝西边大多土地都被犬戎所占，周平王恐镐京难保，就于公元前770年迁都洛邑，重新立国，这就是周平王。东迁后的周朝，史称"东周"。

拓展阅读

周武王伐纣前，有人对他说："商朝无道，百姓都在发牢骚，我们是否要讨伐他？"

周武王说："再等。"

后来又有人对他说："商朝无道，百姓不再发牢骚，而是破口大骂，是否应该讨伐？"

周武王说："再等。"

后来有人又向他说："商朝百姓都不再说话了，百姓路上见面都低头而过，面带恐惧，不发牢骚了，也不敢交谈了。"

周武王拍案而起，下诏即刻讨伐纣王。结果周军所到之处，商朝兵民纷纷响应，经过"牧野之战"，武王一击而成。

风云变幻的春秋时期

春秋时期，简称"春秋"，春秋时期是因孔子修订《春秋》而得名。属于东周的前半期，指公元前770年至公元前476年这段时间。自东周开始，周朝由强转弱，王室日益衰微，大权旁落，诸侯国之间互相征伐，战争频繁。小诸侯国纷纷被吞并，强大的诸侯国在局部地区实现了统一。

春秋时的东周王权旁落，虚有其名，实权全在势力强大的诸侯手上，诸侯争相称霸，持续了200多年。

随着七雄的并立，互相争霸的时代逐步到来，我国历史走向了战国时期。春秋时期是我国奴隶社会的瓦解时期。

在春秋时期，一些较大的诸侯国，为了争夺土地、人口以及对其他诸侯国的支配权，不断进行兼并战争。谁战胜了，谁就召开诸侯国会议，强迫大家公认他的"霸主"地位。先后有5位诸侯国确立了霸主地位，史称"春秋五霸"。

首先建立霸业的是齐桓公。他任用管仲，改革内政，使国力强盛。采取了管仲的谋略：以"尊王攘夷"为号召，联合燕国打败了北戎；联合其他国家制止了狄人的侵扰。

公元前656年，齐桓公与鲁、宋、郑、陈、卫、许、曹诸国联军侵蔡伐楚，观兵召陵，责问楚为何不向周王纳贡。楚见齐桓公来势凶猛，为保存实力，许和而罢。以后，齐桓公又多次大会诸侯，周王也派人参加会盟，加以犒劳。

齐桓公成了中原霸主。他死后，齐国内部发生争权斗争，国力稍衰。宋襄公想继承齐桓公霸业，与楚较量，结果把性命都丢了。此外，齐国称霸时的盟国鲁、宋、郑、陈、蔡、许、曹、卫等国家，这时都转而成了楚的盟国。

正当楚国想称霸中原之时，晋国勃兴起来。晋文公整顿内政，增强军队，也想争当霸主。这时周襄王被王子带勾结狄人赶跑，流落在外。晋文公认为是"取威定霸"的好机会，便约会诸侯，打垮王子带，把襄公送回王都，抓到了"尊王"的旗帜。

公元前632年，晋楚两军在城濮大战，晋军打败了楚军。战后，晋文公在践土会盟诸侯，周王也来参加，册命晋文公为"侯伯"，即霸主。在齐国称霸时，楚国因受齐国抑制停止北进，转而向东吞并了一些小国，国力强盛。齐国衰落后，楚国便向北扩张与晋国争霸。

公元前598年，楚庄王率军在邲与晋军大战，打败晋军。中原各国背晋向楚，楚庄王又成为中原霸主。在此后的楚、晋两国战争中，晋于公元前575年鄢陵大战中大败楚军；于公元前557年湛阪大战中，又将楚军击败。楚庄王的霸主地位受到严重冲击。

当晋国和楚国渐趋衰弱时，长江下游的吴、越却先后崛起争霸。吴王阖闾执政时，重用著名的军事家孙武和原来的楚臣伍子胥，兴兵伐楚。吴兵五战五捷，于公元前506年直捣楚国都城郢。后来，阖闾之子夫差又先后打败越、陈、鲁、宋、齐，成为诸侯间的盟主。

公元前482年，已是吴王的夫差在黄池会盟诸侯，争得了霸权。

越王勾践于公元前494年被夫差所败后，一面卧薪尝胆，积蓄力量；一面献美女西施、郑旦于吴王夫差。经过十数年的准备，勾践掌握战机，乘夫差全军参加黄池会盟之机，乘虚而入，大败吴师，杀吴太子，最终逼得夫差自杀，吴国就此灭亡。

这时，春秋时期行将结束，霸政已经趋于尾声，但勾践仍率兵渡淮，与诸侯会于徐州，成为春秋末期最后霸主。其实，除了上述5位霸主之外，春秋时期还有几个诸侯国登上霸主宝座。如郑庄公、宋襄公、秦穆公、晋襄公、晋景公和晋悼公。在这些大大小小的霸主之中，秦穆公开创的霸业，为战国末年秦统一整个中国打下了基础。

春秋时期，各统治集团由国君的宗亲或少数异姓贵族所组成。从

天子到卿大夫都是实行嫡长子继承制，次子则分封。在各诸侯国中，长子继位后，次子或庶子为公子，公子之子为公孙，公子、公孙的家族称公族。由于其贵族身份世代相传，又称之为世族。

各诸侯国管具体事务的官职有司徒、司马、司空、司寇等，这4种官职名称之前有的加上一"大"字。宰也是常见的官名，或称太宰，有的诸侯国，宰的地位颇为重要。属于师傅之官有太师、少师、太傅。以上几种官职常由卿来担任。

除了政治体制外，春秋时期经济也有了相应发展。铁器已经在农业、手工业生产中使用。农业生产中使用铁锄、铁斧等。铁器坚硬、锋利，胜过木石和青铜工具。铁的使用，标志着生产力显著提高。

在我国春秋时期，诸侯争霸过程中的大国兼并小国，致使诸侯国数目逐渐减少，华夏族和其他各族接触频繁，促进了民族融合。

拓展阅读

姬宜臼原是西周太子，周幽王在位时，宠爱褒姒，就废黜了姬宜臼，改立他和褒姒的孩子伯服为太子。

有一天，姬宜臼在花园里玩耍，周幽王将笼子里的猛虎放出，打算让猛虎将姬宜臼咬死。

姬宜臼很有胆量，当猛虎向他扑来时，他非但不惊慌，反而迎了上前去，冷不妨大吼一声，吓得老虎伏在地上不敢动。姬宜臼便从容离去。

他知道这是父王存心暗害他，就与母亲申后偷偷投奔外祖父申侯。周幽王被犬戎杀死后，姬宜臼方才重新立国。

群雄逐鹿的战国时期

战国时期处于公元前475年至公元前221年的东周末期。这一时代是华夏历史上分裂对抗最严重且最持久的时代之一，因这一时期各国混战不休，故被后世称之为"战国"。

战国时期，经历了韩、赵、魏三家分晋，田氏代齐，形成了燕、齐、楚、秦、赵、魏、韩七雄并立的局面。

由于秦国的商鞅变法发挥了富国强兵的重要作用，秦国终于后来居上，逐一灭掉了其他六国，天下归一。

在战国时期，塑造了我国帝制的基本雏形，是我国君主集权制的开始。

战国时期首先经历了"三家分晋"这一重大历史事件。春秋末年，东周各诸侯国通常都将公室子孙分封为大夫，各家都有封地。

一向称霸中原的晋国，到了春秋末期，国

君权力衰落，实权由六家大夫，韩、赵、魏、智、范和中行把持。

他们各自都有封地和武装，互相攻打。后来其中两家范家和中行家被打散了，还剩下智家、赵家、韩家和魏家。当时这四家的当权者分别是智伯瑶、赵襄子毋卹、韩康子虎和魏桓子驹。

智伯最为强大，他想独吞晋国，但由于时机不成熟，便采取削弱其他几家的办法。他以奉晋君之命为名，准备攻打越国，要每家拿出50平方公里的土地和户口来给晋室，实际上都归他自己。韩康子和魏桓子都如数交出了土地和户口，独赵襄子拒绝智伯的要求。

于是智伯就联合韩、魏两家攻打赵氏。公元前455年，智伯瑶率领中军，韩氏的军队为右路，魏氏的军队为左路，三队人马直奔赵家。赵襄子知道寡不敌众，就跑到晋阳去，以晋阳为根据地与三家对抗。

智、魏、韩三家的兵马，把晋阳围住，双方相持了近两年时间。到了第三年，即公元前453年，智伯引晋水淹晋阳城，几天后，城墙几乎就要全部被淹了。

形势很危急，赵襄子派相国张孟乘黑夜出城，分化三家的联盟。韩、魏参战本就不情愿，又见智伯专横跋扈，也担心智伯灭赵后将矛

头对准自己。为了自身利益，他们决定背叛智伯，与赵襄子联合。一天晚上，韩、赵、魏三家用水反攻智伯，淹没了智伯的军营，智伯驾小船逃跑，被赵襄子抓住杀掉了。智氏一族被灭后，韩、赵、魏三家平分了智氏的土地和户口，各自建立了独立政权。

公元前438年，晋哀公死，晋幽公即位。这时晋国完全衰弱，畏惧权臣，反向韩、赵、魏三家行朝拜礼。韩、赵、魏于是就瓜分了晋国的土地，只把绛城和曲沃两地留给晋幽公。

公元前403年，由周威烈王册命，韩、赵、魏与晋侯并列。到公元前376年，韩、赵、魏联合灭了晋国，瓜分了晋国的全部土地，晋国彻底灭亡。此即春秋和战国的分界点。

"春秋五霸"之一的晋国在三家分晋后灭亡了，由此，奴隶社会开始向封建社会过渡，霸权政治结束了，战国时期群雄逐鹿的序幕揭开了。"三家分晋"是历史上具有划时代意义的重大事件。它标志着我国奴隶社会逐渐瓦解，新兴地主阶级开始登上历史舞台，从而推动了封建制度的确立。

公元前545年，田完四世孙田桓子与鲍氏、栾氏、高氏合力消灭当国的庆氏。这成为"田氏代齐"事件的初始。田氏代齐也叫"田陈篡齐"，指战国初年齐国田氏取代姜姓成为齐侯的事件。

齐景公时，公室腐败。田桓子之子田乞用大斗借出、小斗回收，使齐国百姓生活殷实，百姓纷纷归属，从而增加了户口与实力。

公元前489年，齐景公死，齐国公族国、高二氏立公子荼，田乞逐国、高二氏，另立公子阳生，自立为相。从此田氏掌握齐国国政。

公元前481年，田乞之子田恒杀齐简公与诸多公族，另立齐平公，进一步把持政权。又以体恤民间，赏罚分明争取民心。

公元前391年，田成子四世孙田和废齐康公。公元前386年，田和放逐齐康公于海上，自立为国君，同年被周王册命为齐侯。

公元前379年，齐康公死，姜姓齐国绝祀。田氏仍以"齐"作为国号，史称"田齐"。

至此，代表新兴地主阶级的田氏完全控制了齐国政权，完成了齐国由奴隶制向封建制过渡的大转变。因此，田氏代齐不仅是齐国历史上的一件大事，也是中国由奴隶制向封建制过渡这一历史大变革中的一件大事。

三晋在战国初期最强大，常常联合兵力进攻其他国家。齐国自"田氏代齐"局面形成后，齐的实力暂时弱于三晋。在当时，各个诸侯国为了克敌制胜，纷纷展开军备竞赛，与此同时，大力发展生产，加快经济建设。

骑兵也得到了迅速发展，比如"胡服骑射"就是一例。为了便于骑战，公元前307年，赵武灵王命令将军、大夫、戍吏都要学习胡人的短打服饰，同时也学习他们的骑马、射箭等武艺。就是历史上有名的"胡服骑射"。"胡服骑射"既是我国历史上第一次服饰改革，也是我国古代战争史上的一次革命。它还增强了各民族的交往，极大地促进了民族融合。

通过军备竞赛，7个诸侯国各自都拥有了雄厚的武装力量，少则有带甲之士数十万人，多则有"奋击百万"。作战时可以大量出动。

在经济建设方面，战国时期的经济和科技也有了前所未有的发展。以农田灌溉为重点的水利建设高潮逐渐兴起，加快了农田的开发和精耕细作的传统的形成，战国时期农作物的产量大幅度增加。春秋时期使用的牛耕和铁制农具在战国得到推广。

战国时期的青铜工艺呈现出前所未有的景象。礼器种类有明显变化，商代和西周盛行的酒器大量减少，蒸饪器与盛食器数量增多。乐器有编钟，生活用具有带勾和镜等。其他如镶嵌、鎏金、金银错、细线雕等新工艺，使战国时期铜器的装饰花纹富丽堂皇。此外，丝织技术、玉器雕琢、漆器制作及建筑等，也有了不同程度的发展。

随着各诸侯国军事和经济的发展，实力都有所增强。彼此之间的兼并战争更为激烈和频繁，规模也更大。魏国是战国初年中原的一个强国。魏国经过政治改革而国力强盛，东面屡败齐国，又灭中山国，西面则派李悝和吴起守卫河西，一再挫败秦人的进攻。

到了魏惠王的时候，魏国更加强大，从此更加紧侵伐宋、卫、韩、赵等国。但魏国军队在公元前341年的马陵战斗中，被齐国的伏兵所打败，主将太子申和庞涓都战死，实力大为削弱。

秦国经过商鞅变法，国势蒸蒸日上，不断攻打韩国和魏国，借以扩大秦国的疆域。公元前333至公元前328年，秦国接连击败魏国军队，魏国被迫割地求和，失去它全部河西的土地。

秦国对三晋威胁很大。公元前318年，魏国公孙衍起来联合赵国、韩国、燕国、楚国"合纵"进攻秦国，结果被秦国打败。

秦国又不断向西方开拓土地。公元前316年，蜀国有内乱，秦惠王派司马错一举而把蜀国消灭，于是秦国日益强大起来，并且富强以后，开始轻视诸侯。

公元前314年，齐宣王派匡章率兵进攻燕国，仅仅50天就把燕国灭亡。公元前286年，齐国消灭了宋国，并迫使邹国和鲁国都向齐国称臣，诸侯对齐国非常恐惧。

在齐宣王打败燕国时，齐国军队对燕国人肆意蹂躏，引起燕国人反抗，终于赶走齐国军队，但是燕国也因此而残破。赵武灵王护送燕公子职回国继位，就是燕昭王，燕国就复国了。燕昭王继位以后，礼贤下士，乐毅等人都奔赴于燕国，经过28年而达到殷富。

公元前284年，燕国联合三晋和秦国与楚国大举征伐齐国，齐国无力抵御。燕国大将乐毅很快攻下齐国都城临淄，齐湣王逃走，不久被杀。齐国除了莒和即墨以外的70多个城都成为燕国的郡县。

楚国在春秋时是两大强国，进入战国后楚国已大不如以前。自从秦国和齐国强盛起来之后，楚国不断和秦国与齐国进行斗争，但是都遭到了失败，最后楚怀王被诱至秦国而死在了秦国。

公元前280年，秦国攻下楚国的汉北地区及上庸，就是后来湖北竹山。第二年，秦国大将白起更是引兵深入，攻下鄢，次年攻占郢都，秦国军队继续南进，一直打到后来洞庭湖边上。楚国的军队溃散而不战，楚顷襄王逃跑。秦国在所占领的楚国地

域设立黔中郡和南郡。

秦国和赵国之间，曾为争夺上党郡而发生了有名的"长平之战"。公元前260年，赵国军队被困于长平，就是后来山西高平，因为绝粮而全军投降秦国。

第二年，秦国军队乘胜进围邯郸，攻打两年多而没有攻下都城。后来因为魏国信陵君及其他国家派兵救援赵国，秦国才撤兵。赵国经过长平之战和邯郸被围，实力大为削弱。

公元前247年，秦王政继位。由于秦王政采取了英明决策，秦国日渐强大，从此走上了吞并六国，统一天下的道路。

公元前223年，秦国大将王翦率60万人进攻楚国，俘虏了楚王。随后完全攻占了楚国领地，楚国灭亡。公元前222年，秦国进攻辽东，俘虏燕王喜，又攻代国而俘虏代王嘉，燕国和赵国两国灭亡。至公元前221年，秦先后灭韩、魏、赵、楚、燕、齐六国，统一了天下。

拓展阅读

战国时候，有个叫吕不韦的大商人到赵国的京城邯郸做生意。一次偶然的机会他了解到异人的情况，认为"奇货可居"，便立即到秦国，用重金贿赂安国君左右的亲信，把异人赎回秦国。

秦昭王死后，安国君即位，史称孝文王，立异人为太子。孝文王在位不久即死去，太子异人即位为王，即庄襄王。

庄襄王非常感激吕不韦拥立之恩，拜吕不韦为丞相，封文信侯。庄襄王死后，太子政即位，即秦始皇，称吕不韦为仲父。吕不韦权倾天下。

兴亡见证

秦汉至隋唐是我国历史上的中古时期。始皇统一天下后，实施了持续性变革，但因秦末暴政，强大的汉军将秦政权驱除历史舞台。汉朝前几任皇帝励精图治，使国力强盛，但汉朝则因后期腐败而衰亡。

在经历了三国两晋南北朝轮番割据后，隋文帝饮马长江，南北归于一家，并由此开启了隋唐盛世。

可惜的是，像大唐帝国这样的政权，也在两次内乱后落下帷幕。接着是五代十国这些转瞬即逝的势力。此后，华夏大地再次响起"统一"的脚步声。

第一个大一统帝国秦朝

　　秦朝的建立者是嬴政，也就是"秦始皇"。其政权存在时间是公元前221年至公元前206年。

　　秦朝是我国历史上一个极为重要的朝代，它结束了自春秋起500年来分裂割据的局面，成为我国历史上第一个统一的、多民族的、中央集权制国家。

　　秦朝首创了皇帝制度、以三公九卿为代表的中央官制，以及郡县制，彻底打破自西周以来的世卿世禄制度，维护国家的统一、强化中央对地方的控制。

　　但秦朝的暴政导致后来的大规模农民起义，秦朝由此走向灭亡。

在战国末年，实力强大的秦国占据着富饶而又易守难攻的关中地区，具有良好的地理环境。更重要的是，秦国的变法比其他六国更为成功，对旧势力、旧制度的

铲除较彻底。因此，不管是在经济还是在政治上，秦国比其他各国更为先进，这就为秦国的建立和巩固准备了必要的条件。

公元前221年，我国封建社会第一个统一王朝秦朝成立。秦朝疆域，东到大海，西到陇西，北到长城一带，南到南海，大大超过前代。秦始皇为了加强统治，实现了从分封制到郡县制的转变。他所建立的专制主义中央集权制度，及所采取的旨在巩固统一的某些措施，为后世帝王所取法。

秦始皇以战国时期秦国官制为基础，把官制加以调整和扩充，建成一套适应统一国家需要的新的政府机构。

在这个机构中，中央设丞相、太尉、御史大夫。丞相有左右两员，掌管政事。太尉掌管军事，不常置。御史大夫是丞相的副贰，掌管图籍秘书，监察百官。丞相、太尉、御史大夫与诸卿议论政务，皇帝作裁决。地方行政机构分郡、县两级。郡和县主要官吏由中央任免。郡设守、尉、监。郡守掌治其郡。郡尉辅佐郡守，并典兵事。

在县一级，万户以上者设令，万户以下者设长。县令和县长领有丞和尉及其他属员。县以下有乡，乡设三老掌管教化，啬夫掌管诉讼

和赋税，游徼掌管治安。乡下有里，是最基层的行政单位。此外，还有专门负责治安和禁止盗贼的专门机构，叫做亭，亭有长。

统治一个大国，需要全国一致而又比较完备的法律制度。秦始皇统一六国以后，以秦律为基础，参照六国律，制订了通行的法律。

维持一个大国统一，还需要强大军队。秦朝军队已消灭六国的余威，驻守全国，南北边塞，是屯兵重点地区。屯兵是集中驻扎的机动作战部队，由朝廷派遣的将军统率，比如蒙恬曾长期领兵屯于上郡。

秦朝以铜虎符为凭据来调兵遣将。虎符剖半，右半由皇帝掌握，左半在领兵的人手里，左右合符，才能调动军队。这是保证兵权在皇帝手中的重要制度。

秦始皇曾经派蒙恬率军30万抗击匈奴。匈奴人分布在蒙古高原上，战国末年以来，常向南方侵犯。秦统一全国以后，发兵抗击，最终收复河套以南地区，即当时所谓"河南地"。

为了防止匈奴入侵，秦还把战国时燕、赵、秦三国长城修复并连接起来，筑成西起临洮、东迄辽东的古代世界伟大工程之一的万里长城，用来保护北方农业区域。接着，秦又徙民几万家于河套。这对于边地的开垦和边防的加强，起了积极作用。

针对当时一些儒生希望复辟贵族割据的思想和政治倾向，秦始皇也进行了斗争。他在丞相李斯的建议下，焚毁书籍，消灭私学，处理犯禁的儒生，通过"焚书坑儒"来打击贵族政治的思想。

秦始皇还下令统一货币，统一度量衡，统一文字，并建立土地制度，鼓励农耕，发展生产。

秦始皇统一天下，奠定了中国统一多民族中央集权国家的基本格局，对祖国疆域的初步奠定和巩固发展国家的统一，以及形成以华夏族为主体的中华民族，起了重要作用。

晚年的秦始皇迷信仙术，想长生不老。公元前210年，秦始皇进行最后一次巡游。他总想能在海边有所收获，遇见仙人或得到仙药，所以一直靠着海岸走，然而仍一无所获。在返回咸阳途中，他病倒了。不料未及赶回咸阳，就病逝，终年50岁。同年，其子胡亥继位。

在当时，秦二世对秦始皇死讯秘不发丧，旨在伺机登上王位。他在赵高等人的蛊惑下，杀死兄弟姐妹20余人，改了秦始皇立长子扶苏继承帝位的遗诏，并逼死了扶苏，最后自己当上了秦朝的二世皇帝。

秦二世即位后，赵高掌实权，实行残暴的统治。他不仅残害手足，还妄杀忠臣，尤其加重对农民的剥削和压迫，使人民生活在水深火热之中。秦二世的暴政，埋下了秦朝灭亡的祸根。

公元前209年7月，一队开赴渔阳戍边的900人，因雨不能如期赶到目的地。按照秦二世时的法律规定，这些人都将被斩首，大家面临着死刑的威胁。于是，在陈胜和吴广两位戍卒屯长的领导下，在大泽乡举起了反秦旗帜。我国历史上第一次大规模农民起义就此爆发了。

陈胜和吴广率领起义军连克大泽乡和蕲县，并在陈县，即今河南省淮阳建立张楚政权，各地纷纷响应。后来，因为陈胜得势后骄傲，加上秦将章邯率秦军镇压，大泽乡起义失利。

陈胜起义后，旧楚名将项燕之子项梁和侄儿项羽杀掉秦会稽郡守，起兵响应。不久项梁率领8000名子弟兵渡江北上，队伍扩大到六七万人，连战获胜，成为反秦起义军中的一支劲旅。

随着全国反秦浪潮的不断高涨，做秦朝沛县泗水亭长的刘邦，也在沛县百姓的推举下举起了反秦大旗。他以沛公的身份，设祭坛，立赤旗，自称赤帝的儿子。

公元前207年12月，刘邦率军到达咸阳东边的灞上。这时的秦王子婴见大势已去，只得将传国玉玺亲手交给了刘邦。秦国至此灭亡。

针对已有些作为的刘邦势力，项羽不甘落后，他自立为西楚霸王。随着形势的发展，这两股势力拉开了楚汉战争的大幕。

公元前202年12月，刘邦、项羽两军在垓下进行了一场战略决战，结果项羽兵败，退至乌江，最后自刎。同年6月，刘邦即皇帝位，这就是汉高祖。

拓展阅读

秦始皇在建立秦国前，在准备灭楚的过程中，老蒋王翦说要60万人，年轻将军李信说20万就足够了。

秦始皇轻信了李信，结果李信被楚国打得大败。李信低估楚国实力，吃了败仗。

秦始皇是个很有胸襟的人，他不但没有处罚李信，还亲自去找王翦，向老将军道歉。王翦坚持必须60万人攻楚的意见，秦始皇当场答应。

王翦率60万人秦军灭楚后，秦始皇面对已经是盘中餐的齐国，再次派出了之前打了败仗的李信。结果李信重新立功。

强盛的封建王朝汉朝

汉朝是继秦朝之后强盛的大一统帝国。汉高祖刘邦建立西汉，定都长安，又称前汉；汉光武帝刘秀建立东汉，定都洛阳，又称后汉。

西汉与东汉合称两汉。汉朝共历400多年的历史。

两汉王朝经历了"文景之治"、"汉武盛世"、"昭宣中兴"、"光武中兴"和"明章之治"。两汉时期民族融合空前发展，文化科学异常活跃，对外交流意义重大。

两汉时期开疆拓土，国力强盛，人口众多，为中华民族2000年的社会发展奠定了基础，为中华文明挺立千秋作出了巨大贡献。

汉高祖刘邦建立的西汉王朝，各种制度基本上沿袭秦朝而有所增益，但在施政方面则以秦朝速亡为鉴，力求在稳定中求发展。汉初70年的历史，是社会经济从凋敝走向恢复和发展的历史，也是中央集权逐步战胜地方割据的历史。

西汉初年，六国旧贵族如齐之田氏，楚之昭氏、屈氏、景氏和怀氏等贵族残余势力，以及燕、赵、韩、魏等豪杰余脉，仍然是强大的地方势力。刘邦把这些旧贵族以及其他豪杰名家10万余口，迁到长安附近。这次迁徙的规模之大是空前的，有效地控制了六国旧贵族和豪杰的分裂活动。

刘邦还采取了断然手段，来消灭异姓诸王。订立了"非刘氏而王者，天下共击之"的誓言。他首先消灭燕王臧荼，立卢绾为燕王。又接连消灭楚王、韩王、赵王、梁王、淮南王和燕王。

在经济上，刘邦任用萧何为丞相，采取与民休息、清静无为、休养生息的黄老治术与政策，鼓励生产，轻徭薄赋，使百姓得以休养生息，生产得以恢复。

刘邦去世后，汉惠帝刘盈继位，但在此期间，实际是吕后称制。吕后尊汉高祖刘邦遗嘱，用曹参为丞相，萧何出谋划策，曹参负责落实，并沿用汉高祖刘邦黄老政治的政策，达到了"政不出房户，天下晏然"的效果，为史家所称道。

吕后去世后，刘氏诸王与西汉大臣合力消灭诸吕势力，迎立代王刘恒为帝，是为汉文帝。汉文帝为了"休养生息"，尽量避免对南越用兵。在汉文帝和儿子汉景帝刘启两朝，继续采取黄老无为而治的手段，实行轻徭薄赋、与民休息的政策，恩威并施，恢复了多年战争带来的巨大破坏，使人民负担得到减轻。

这段时期，匈奴虽然几次入寇中原，但大多数时间处于相对和平的状态。汉朝方面则不断积蓄国力，采取有效措施来积极备战。这一时期史称"文景之治"，是我国成为大一统时代以来，第一次被传统历史学家称羡的治世时代。

汉武帝刘彻在位期间，从公元前140年到公元前87年，是西汉王朝的鼎盛时期。他采取了一系列改革措施，使得汉朝的政治、经济、军事变得更为强大，也是封建制度下中华民族的一个蓬勃发展时期。

在政治上，汉武帝加强皇权，首创年号，采纳主父偃的建议，施行推恩令，削弱了诸侯王的势力，中央集权得到了大大的加强。

在文化上，废除了汉朝以"黄老学说、无为而治"治国的思想，积极治国。并采纳董仲舒"罢黜百家，独尊儒术"的建议，维护了封建统治秩序，神化了专制王权。

在军事上，积极对付汉朝的最大外患匈奴。首先是大幅提高军人的待遇，调动了军人的积极性。汉朝先后出现卫青、霍去病等天才将领，终于击败匈奴单于，使得"漠南无王庭"。又收复南越国和朝鲜，征服中亚大宛国，西域臣服，使中国成为亚洲第一霸主。

在外交上，两次派张骞出使西域，开辟了"丝绸之路"。丝绸之路成为东西方经济文化交流的桥梁。汉武帝时期，开疆拓土，奠定了今天的中国版图，是汉朝疆域最大的时期，也是汉朝的极盛时期。这

就是"汉武盛世"。汉朝疆域在汉武帝时，正北至五原郡、朔方郡，南至日南郡，东至临屯郡，西至葱岭，面积广达600万平方千米。

汉武帝死后，年仅7岁的刘弗陵即位，是为汉昭帝。汉昭帝遵循汉武帝晚年的政策，对内继续休养生息，以至于百姓安居乐业，四海清平。汉昭帝刘弗陵死后，刘询即位，是为汉宣帝。

汉宣帝摒弃不切实际的儒学，采取道法结合的治国方针，在整顿吏治上沿用汉昭帝刘弗陵的政策，劝民农桑，抑制兼并，降低豪强在国家中的角色，使汉朝再度迎来盛世，这就是"武昭宣中兴"。

汉宣帝刘询死后，汉元帝刘奭即位，西汉开始走向衰败。汉元帝柔仁好儒，导致皇权旁落，外戚与宦官势力兴起。汉元帝死后，汉成帝刘骜即位。汉成帝好女色，最后竟死在温柔乡中。

汉成帝不理朝政，为外戚王氏集团的兴起提供了条件，皇太后王政君权力急剧膨胀。汉成帝刘骜死后，刘欣即位，是为汉哀帝。

此时外戚王氏的权力进一步膨胀，国家已经呈现一片末世之象，民间"再受命"说法四起。公元前1年8月15日，汉哀帝刘欣去世。

10月17日，刘衎即位，是为汉平帝。但汉平帝已经沦为王莽的傀儡。公元6年2月，年仅14岁的汉平帝刘衎病死，王莽立刘婴为皇太子，自己任"摄皇帝"。

公元8年12月，王莽废除孺子婴的皇太子之位，建立新朝，西汉灭亡，王莽成了新始祖，也称新太祖高皇帝、新朝建兴帝，简称新帝。

公元23年，王莽政权在赤眉、绿林打击下覆灭。绿林军拥立汉宗室刘玄做皇帝，恢复汉朝，史称"玄汉"，刘玄即汉延宗更始帝。

公元25年，赤眉军立刘盆子为帝，沿袭汉朝国号，史称赤眉汉，建元建世，刘盆子即建世帝，随后击败绿林军。其后，原本服从更始帝的汉宗室刘秀在鄗县之南称帝，并诛杀刘玄，是为汉光武帝，沿用汉朝国号，称建武元年，都洛阳，史称东汉。东汉于公元27年灭刘盆子赤眉汉，公元36年灭隗嚣、公孙述等割据势力，实现了全国统一。

光武帝大兴儒学，使得东汉成为风化最美，儒学最盛朝代。时年社会安定，加强中央集权，对外戚严加限制，史称"光武中兴"。

汉明帝和汉章帝秉承光武帝遗规，对外戚勋臣严加防范；屡下诏招抚流民，赈济鳏寡孤独和贫民前后凡九次；修治汴渠完成，消除西汉平帝以来河汴决坏；经营西域，复置西域都护府和戊己校尉。东汉全盛时，史载"天下安平，百姓殷富"，号称"明章之治"。

汉章帝后期，外戚窦氏日益跋扈，揭开东汉后期外戚与宦官两股势力争斗序曲。到汉灵帝时，朝政腐败到了极点。导致黄巾起义。

虽然不久便平定了叛乱，但汉朝政府经此一役已国力大减。而且中央政府为顺利平叛，又将军权下放给各地州官。各地豪强大族从此开始慢慢拥兵自重，加以其原本已具有强大的经济实力，最

终演变成东汉末年袁绍、袁术、曹操、孙坚、董卓等豪强军阀割据一方局面。

汉灵帝死后，董卓掌权，废后汉少帝刘辩为弘农王，改立汉献帝刘协。董卓被吕布诛杀后，军阀割据完全表面化，出现了把持中央的曹操；位于河北的袁绍；位于淮南的袁术；位于江东的孙权；位于荆州的刘表；位于益州的刘璋等势力。

其中曹操"挟天子以令诸侯"，以汉朝丞相名义讨伐各路军阀，在"官渡之战"中消灭了最大敌人袁绍军主力，但同时架空汉室权力，全权代理皇帝处理朝政。

"赤壁之战"后，天下三分之势形成。曹丕篡汉建立魏后，刘备随即在蜀地宣布继承汉朝法统，建立了沿用汉国号政权，史称蜀汉。江东孙权虽向魏称臣，内政外交皆自主，几年后孙权称帝，国号吴。至此，汉朝告终。

拓展阅读

刘邦性格豪爽，不太喜欢读书，但对人很宽容。他也不喜欢下地劳动，所以常被父亲训斥为"无赖"，说他不如自己的哥哥会经营，但刘邦依然我行我素。

刘邦长大后，经考试做了泗水的亭长，时间长了，和县里的官吏们混得很熟，在当地也小有名气。刘邦的心胸很大，在一次送服役的人去咸阳的路上，碰到秦始皇大队人马出巡，远远看去，秦始皇坐在装饰精美华丽的车上威风八面，羡慕得他脱口而出："大丈夫就应该像这样啊！"

相互对峙的三国时期

中国历史上东汉与西晋之间，有一个分裂对峙时期，存在着魏、蜀、吴三个政权，这就是三国时期。其时间一般认为是起始于奠定三国局面的"赤壁之战"，终结于280年西晋灭孙吴。

在三国时期，魏、蜀、吴三分东汉州郡之地，在互相对峙的同时，各自励精图治，谋求发展，可谓充满生机。

三国时期的统治者，为了巩固和发展自己的势力，大都比较重视社会生产的发展，都重视经济的发展和社会秩序的安定。其丰富多彩的历史内涵，常常引起后人的追思，是我国历史上典型的时期。

208年，孙权、刘备联军大败曹军于赤壁，迫使曹军退回中原。此后，随着曹魏、蜀汉和孙吴3个政权的建立，华夏大地三大区域同时经历了对峙与发展的时期。

220年冬，曹操之子曹丕篡汉称帝，建都洛阳，国号魏，史称"曹魏"。这就是魏文帝。三国时期开始。

265年，晋武帝司马炎篡魏，改国号为晋，曹魏灭亡。曹魏历5帝，共计46年。曹操北归以后，用兵于关中、陇西，先后消灭关西十一部、张鲁等割据势力，占有陇西之地。但因曹操年事已高，终其年只控制了中原、陇西一带。曹魏政权建立后，为了谋求发展，在很多方面颇有建树。曹魏政权所采取的治国方针、政策和措施，在更广泛的意义上影响了历史的走向。

在文官制度上，曹魏政权顺承曹操"唯才是举"的原则，尽力招揽更多的人才，魏文帝时就建立了九品官人法，其做法是：郡设小中正，州设大中正，小中正采择舆论，按人才优劣定品第高下，上报大中正；大中正核实后上报司徒；司徒再加审核然后交尚书选用。

还规定，郡人口10万以上，特别优异的不受户口限制。还设立春秋谷梁博士，提高官员素质。九品官人法在我国古代政治制度史上占有十分重要地位，乃我国封建社会三大选官制度之一。

在地方，曹魏河南郡治洛阳，为京师所在，称司州。又设王国并置相，与郡同等。县制有公国、侯国、伯国、子国和男国之封。

在法律制度方面，曹魏在秦汉旧律重新定律，制订《新律》18篇、《州郡令》45篇、《尚书官令》、《军中令》，合180余篇。这是在秦汉律由简到繁以后，我国封建刑律由繁到简的又一个重要的转折点，对晋律和唐律的产生

具有直接的影响，在我国法律制度史上居于承前启后的重要地位。

在军事制度方面，曹魏时期的中央军，分为中军和外军。中军担负着宿卫皇宫、拱卫京师的任务；外军留屯各地，代表中央去行征伐镇压之权。除了中军与外军，曹魏政权还有作为地方兵的州郡兵。

为保持固定的兵源，曹魏建立了士家制。士家有特别的户籍，男丁世代当兵或服特定的徭役。士家身份低于平民，士逃亡，妻子没官为奴。冀州士家有10万户以上。

曹魏和外族进行了30多次战役，例如：河西之战，消灭乌桓，击败鲜卑，讨氐羌，破东濊、平濊貊、灭韩濊等，绝大多数都取得了胜利。甚至后世有人认为，曹魏政权是我国古代对外族胜率最高的。

在经济方面，曹魏为了恢复和发展北方的经济，推行了屯田制度。组织流民耕种官田，屯田地域，西北起河西，东南达淮南，东北自幽燕，西南至荆襄。这使得社会秩序恢复，增强曹魏实力。

曹魏重视农业的另一实证是其大兴水利，其工程的规模和数量在

三国中首屈一指。如233年关中一带辟建渠道，兴修水库，一举改造了3000多顷盐碱地，所获使国库大为充实。再如曹魏在河南的水利工程，其成果使粮食产量倍增。

在文化方面，曹氏一族在文学上具有相当成就，如曹操和其子曹丕和曹植都善于写诗，时称"三曹"，后世称"建安文学"。还有以王粲、陈琳为代表的"建安七子"。三曹和建安七子在诗歌创作上形成"建安风骨"，留下许多名篇。如曹丕的《燕歌行》、曹植的《洛神赋》、王粲的《七哀诗》都是传颂千古的佳作。

才华横溢的女诗人蔡文姬有《悲愤诗》传世，著名的乐府叙事诗《孔雀东南飞》也创作于建安时。以何晏、王弼为代表的玄学的产生，是哲学思想的突出成就。

后世称为"医圣"的张仲景，著《伤寒杂病论》，奠定了中国医学体系的基础。华佗则精于外科手术、首创用麻沸散作手术麻醉剂。数学家刘徽在圆周率计算上有重大贡献。马钧在机械上有多种发明，包括提水工具翻车。

赤壁之战后，曹操不敢再轻易南下，鼎立格局初步奠定。刘备图蜀成功，并据有汉中。221年，刘备昭告天下，即位于成都，建国汉，史称蜀汉，疆土辖有汉中、巴、蜀。纵观蜀汉历史，它是一段刘氏政权忙于征伐，忙于开拓的历史。

蜀汉统治者孜孜不倦地征伐天下，开辟疆土，把蜀汉疆域拓展到北入后来的甘肃境内，南达后来的云南边境，东边维持在后来的奉节一带，西边伸入到后来的缅甸境内。

公元222年，刘备率军征伐孙权，为陆逊败于彝陵，不久病逝。他托孤于诸葛亮，辅佐长子刘禅即位。期间诸葛亮曾七出祁山，但是胜少负多；大将姜维九伐中原，却是次次失败。诸葛亮、蒋琬、费祎、董允死后，内廷逐渐为宦官黄皓把持，使得前方战事不为刘禅所知。

263年，魏军三路攻蜀，同年冬，魏国大将邓艾攻入成都，刘禅投降，蜀汉灭亡。蜀汉历二帝，共计43年。

蜀汉政权的社会经济有持续稳定的发展。蜀汉十分重视农田水利灌溉事业，继续维护都江堰等水利设施，水旱由人，使成都平原出现一片繁荣景象。蜀地本来就"土地肥美"，有江水沃野之饶，加上诸葛亮的精心治理，农业产量很高。处于都江堰灌区的绵竹、广汉一带的水田，保持着高产的记录。此外，盐、铁、织锦业也很发达。特别是织锦业，蜀锦的产量就相当可观，驰名全国，远销吴、魏，其收入成为蜀汉政府军费的一大来源。由于蜀汉自然条件好，加上诸葛亮及其继承者们的悉心经营，直至亡国，社会经济也有发展势头。

229年，孙权在武昌称帝，国号"吴"，改元黄龙元年，史称"东吴"。后又迁都建业，自此三国鼎立之势正式形成。

司马炎夺取曹魏政权建立晋朝后，279年冬，晋军出兵攻吴，于280年3月攻下建业，吴帝孙皓降，吴国亡。三国时期结束。

东吴在政治上大体跟东汉相近，地方上仍实行州郡制，中央方面也是同样。唯一不同者，则是东吴主要受江南本地豪族影响，单是在朝的朝臣，有不少外姓人士，如顾姓的顾雍，朱姓的朱桓，陆姓的陆逊和张姓的张温，就是后世称为吴四姓。

东吴的军队以舟师为主，步兵次之。孙吴水军发达，设有水军基地和造船厂，所造名为"长安"的战船，可载士兵千余人。其精锐军队有车下虎士、丹阳青巾军与交州义士等。还有设有山越兵、蛮兵、夷兵等少数民族部队。

东吴经济有显著发展。当时因为战乱，北人南来，加上山越人接受孙权安抚，从山区移居平地，使得东吴劳动力增多。长江两岸地区都设有屯田区，其中毗陵屯田区就是常州、镇江、无锡一带。

丝织业开始在江南兴起，但织造技术还不高，所以蜀锦成为重要的输入物资。铜铁冶铸继承东汉规模而有发展规律，青瓷业也在东汉釉陶制造基础上走向成熟。

"赤壁之战"后出现的"三足鼎立"局面，经过魏、蜀、吴区域的局部统一、相互相持和积极发展后，至西晋又归于全国的统一。

拓展阅读

麦熟时节，有一次曹操率领大军去打仗。沿途的老百姓因为害怕士兵，都躲到村外，没有一个敢回家收割小麦的。

曹操得知后，立即派人挨家挨户告诉老百姓：他是奉皇上旨意出兵讨伐逆贼为民除害的。现在正是麦熟的时候，士兵如有践踏麦田的，立即斩首示众，请父老乡亲们不要害怕。

曹操的官兵在经过麦田时，都下马用手扶着麦秆，小心地走过麦田，这样一个接着一个，相互传递着走过麦地，没一个敢践踏麦子的。

老百姓看见了，没有不称颂的。

短暂统一与融合的晋朝

　　晋朝包括西晋和东晋，分别建都于洛阳和建康。晋朝的存在时间，是从265年司马炎建立西晋开始，至420年司马睿建立的东晋被刘裕所灭，刘裕建立宋，东晋灭亡。共历经155年。

　　西晋是我国短暂的大一统王朝，为时仅51年。东晋时期少数民族迁至中原，促进了我国各民族的进一步融合，同时，北人南迁，也开发了江南地区。

　　两晋时期是我国文化发展的重要时期之一，在我国历史上首创了国子学，以后历朝历代延续，直到封建社会末期。

265年，司马炎夺取曹魏政权，建立晋朝，先建都洛阳，后来迁到长安，史称"西晋"。司马炎就是晋武帝。为当时社会与经济的发展提供了短期的良机。

建国之初，晋武帝为了完成灭吴大业，在战略上做了充分准备。早在公元269年，他就派羊祜坐守军事重镇荆州，着手灭吴的准备工作。羊祜坐镇荆州后，减轻赋税，安定民心，东吴将领们的心已经一步步趋向晋军。

晋武帝在襄阳一边命羊祜以仁德对吴军施加影响，一边在长江上游的益州训练水军，建造战船。经过长达10年时间的充分准备，279年，晋军开始向东吴展开大规模的进攻。晋军兵分六路沿长江北岸，向吴军齐头并发。

由于晋武帝准备充分，时机恰当，战略正确，前后仅用了4个多月，便夺取了灭吴战争的全部胜利。从此，东吴的全部郡、州、县，正式并入晋国版图。

280年，三国鼎立的局面完全结束了。晋武帝司马炎终于统一了全国，结束了80年的分裂局面。为了开创新的业绩，晋武帝以洛阳为中心，在全国采取了一系列措施，逐步使百姓摆脱了战乱之苦，使国家走上了发展之路。

首先是重视农业生产。朝廷鼓励垦荒、兴修水利、扩充劳动力和加强监督等。通过这些措施的推行，农业生产很快发展起来，出现了国泰民安的景象。随着经济的发展，人口也迅速增长起来。

为保持政治稳定，维护统治阶级的利益，晋武帝还公布了品官占田荫客制。法令规定，官品第一至第九，各以贵贱占田。第一品可以占田50顷，以下每低一品，递减5顷。又各以品之高低，荫其亲属，荫其客户，多者及九族，少者三世。

宗室、国宾、先贤之后及士人子孙，也都有这种特权。特权扩大到士人子孙，这是秦汉时世家地主范围的扩大，特别是儒宗这一等级的延伸。西晋这些措施，无疑给士族地主在政治和经济上更多优厚，还有利于统治阶级利益上的平衡。但士族地主特权过大，助长了他们在生活上和政治上的腐化，同时影响庶族地主的利益和农民的利益。

在以后10余年间，是西晋相对繁荣稳定的时期，社会经济有了较大的发展。西晋政府重视生产，劝课农桑，兴修水利，民和俗静，家给人足，牛马遍野，余粮委田，出现了四海平一、天下康宁的升平景象，史称"太康盛世"。

291年至306年，西晋爆发了战乱，战乱参与者主要有汝南王司马亮、楚王司马玮、赵王司马伦、齐王司马冏、长沙王司马乂、成都王司马颖、河间王司马颙、东海王司马越八王，史称"八王之乱"。这是西晋时统治集团内部的战乱。

在此期间，由于人民被杀害者众多，社会经济严重破坏，西晋统

治集团的力量消耗殆尽，隐伏着的阶级矛盾、民族矛盾便迅速爆发。

对西晋首先发难的是氐族李特为首的流民起义和羯、羌的小规模反抗，然后是匈奴贵族的起兵。自氐族人李特率流民于巴蜀起义，经匈奴刘渊举事，东莱豪族王弥起兵，历10余年混战后，308年7月，洛阳失守，316年，长安失守，西晋灭亡。

西晋是我国历史上一个短命的王朝。长安、洛阳相继陷落，建立仅半个世纪的西晋就此灭亡。司马氏父子兄弟数十年经营，可谓苦心；晋武帝一统华夏，可谓威武。如此苦心建立的威武天朝竟短命而亡，在诸多因素中，士族背弃是其灭亡的主要因素。

西晋灭亡后，一些西晋的旧臣并不甘心亡国的命运，仍在全国各地积极活动，准备恢复晋朝的统治。

317年，司马睿在南渡过江的中原氏族与江南氏族的拥护下，在建康称帝，国号仍为晋，司马睿为晋元帝。因其继西晋之后偏安于江南，故史家称之为"东晋"。

346年，东晋安西将军桓温伐蜀，次年3月克成都，原来控制着汉水上游和四川盆地的成汉政权灭亡。至此，东晋统一了南方。

当东晋在江南建国的同时，北方则陷入分裂混战，黄河流域成为匈奴族、羯族、鲜卑族、氐族、羌族五个主要少数民族和汉族争杀的战场，并分别建立了自己的国家，相互争霸，不断有国家成立和灭亡。在当时，北方黄河流域一带先后建立许多割据政权，连同汉族所建立的政权，较重要的有16个国家，历史上称为"五胡十六国"。

在北方诸国中，由氐族所建立的前秦，在苻坚时强大起来，并统一了北方大部分地区，随后，苻坚也想一统江南。383年，苻坚率军南下，声势浩大，企图一举消灭东晋。

前秦南下，东晋面临空前威胁，在宰相谢安的运筹下，东晋将领谢石、谢玄率北府兵大败前秦军队于淝水，取得了东晋北伐历史上的决定性胜利。这就是我国古代历史上著名的"淝水之战"。

淝水之战后，前秦瓦解，北方大乱，再次陷入长期分裂的状态，北方诸部无暇南侵。东晋以弱胜强，局势暂时稳定下来。

由于东晋时北方少数民族的入主中原，使他们更多的接触到华夏文化，使之与汉民族逐渐发展为同一生活习惯的民族，进而被汉族融合。自魏、晋、南北朝之后，中原北方大体已形成以汉族为主，其他少数民族混居的人口构成形式，使我国正式成为具有相似生活习惯的多民族国家。事实上，东晋政权是江南大族势力平衡下的产物，其他三族相继衰落，桓氏成为唯一的大族。

404年，桓玄废晋安帝，自立为皇帝，国号楚。然而，桓玄是一向腐朽士族中人，士族们连掘些草根充饥的本领也没有，所以他不可能维持既得地位。就在桓玄称帝同一年，刘裕在京口约集失意士人密谋攻桓玄，被众推为盟主。刘裕击败桓玄，掌握东晋政权。

东晋重要地区用大族作镇将，因而形成割据的局面。刘裕改用皇子作镇将，特别是荆州江州两镇，所统兵甲占全国兵甲的半数，更非选皇子不可，从此建康朝廷不再受大族重镇威胁。刘裕完成了上述军事上政治上的措施，东晋朝显然再没有存在的余地了。

总观两晋，其政治体制为世族政治。架构方面，朝廷的决策机关与行政机关也逐渐分立。尚书省、中书省及门下省依序独立出来，由汉代的三公九卿制走向隋唐的三省六部制。两晋的三公虽然无实权为荣誉职，但可为皇帝顾问，该职也用来安置权臣。

律令方面，由于《魏律》内容繁杂，早在司马昭执政时即命贾充、羊祜、杜预、裴楷等人参考《汉律》及《魏律》来修编新法律。完成的新律即《晋律》，又称《泰始律》。这是魏晋南北朝时期唯一实行于全中国的法典。

农业方面，西晋初由于兵事将休，废除屯田制，将民屯田给予农民，实施占田制及荫客制，以课田法课税，农民负担比屯田制减轻。

东晋时期，中原人士带来北方精耕细作的技术，推广牛耕加快耕田速度。东晋南朝重视水利，代有修筑。最后，南方的水田普遍开发，农作物品种增加、生产量提高，长久下来使我国的经济中心南移，会稽的世家大族庄园经济盛行，跃升为全国经济中心。

手工业主要由官府专营，设置少府及作部。冶炼业得到了发展，灌钢技术的发明，把生铁和熟铁混杂在一起，工艺简便，生产效率更高，钢铁的品质也更好。

马钧改良纺织机，品种及品质皆提升。当时制纸业除麻纸外也利用藤做出"藤角纸"。纸张已经可做出雪白纸及五色花笺，至南朝完全替代竹简和绢锦。

制瓷业在技术也有长足进步，并广泛在南方地区扩散。例如浙江就形成越窑、瓯窑、婺州窑及德清窑。制茶业方面，由于晋代士人习惯饮茶并提倡以茶代酒，使需求提高，种植区域进展到东南沿海。

造船业归官府管理，当时大船载重达万斛以上。由于江南水路繁多，所以十分兴盛。商业方面，晋室南渡后，中原财富大多转移至江南地区，商业仍然兴盛，最大商业中心为会稽，次为建康。

在文化方面，两晋时期是一个文化开创、冲突又融合的时代，是我国文化发展的重要时期之一。文化中心为会稽、建康、洛阳，在官方教育方面，晋朝在我国历史上首创了国子学，以后历朝历代延续，直至封建社会末期。

由于两晋世族生活优越，产生了许多优秀的艺术家。同时带来逻辑思辩的发展，以及老庄的自然观，玄学开始发展并盛行，涌现出玄学思想的代表"竹林七贤"。

艺术也蓬勃发展，如王羲之及王献之的书法，顾恺之的绘画，陶渊明的田园诗，谢灵运的山水画，以及佛经、佛门故事，雕刻塑像等。

拓展阅读

一次，司马炎去南郊赏游，他想试试刘毅是不是敢于直谏，就问道："依卿所见，朕可比汉代哪位君主？"

刘毅直言不讳："陛下可比桓、灵二帝。"

司马炎知道此二人是昏君，说道："朕统一了天下，卿将朕比之于桓、灵二帝，不过分吗？"

刘毅回答说："昔日桓、灵卖官，钱入府库；而陛下卖官，则钱入私囊。由此可见，陛下不如桓、灵二帝也！"

司马炎说："桓、灵时代可是听不到这样的话呀！"

从此以后，司马炎变得节俭了许多。

分裂对峙的南北朝时期

南北朝是我国历史上的一段分裂时期，从420年刘裕建立南朝宋开始，至589年隋灭南朝陈为止。在这一时期，上承东晋、五胡十六国，下接隋朝，南北两势虽然各有朝代更迭，但长期维持对峙，所以称为南北朝。

北朝的朝代有：北魏，北魏又分裂成东魏和西魏，然后是北齐取代东魏、北周取代西魏，北周又灭掉了北齐。南朝则比较简略，先后是宋、齐、梁、陈。

南北朝时期是我国民族大融合的重要历史时期，特别是南北文化交流程度最深，对后世影响较大。

420年，随着刘裕宋朝的建立，我国历史进入南北分裂、南北对峙的阶段。南朝历史是门阀士族由盛而衰的历史，南朝皇权比较强大，门阀士族社会地位虽然高贵，却已不能完全左右政局。随着江南开发的不断深入，土著汉人在政治上逐渐上升，步入官僚行列，为皇帝所倚重。从梁陈之际开始，南方内地的土豪，也成为割据的一方势力。

宋武帝刘宋政权，是南朝疆域最大、最强、统治年代最长的一个政权。时间从420年至479年。宋武帝出身于军旅，为人刚毅俭朴，称帝后仍力行节俭，一时政风甚佳。至479年，南朝宋历4代8帝而亡。

南齐是我国历史上帝王更换极快的一朝。齐高帝萧道成于479年立国，政风节俭，为政清明。然而由于后来争杀频繁，国祚短暂，至502年，南齐历3代7帝而亡。

南朝梁是梁武帝萧衍于502年篡位建国。梁武帝为人节俭，勤政爱民，使得梁朝国力胜过逐渐混乱的北魏。至557年，陈霸先篡南朝梁帝位，南朝梁历3代4帝而亡。

陈武帝陈霸先建立的南朝陈，是我国历史上朝代名与皇帝之姓重合的仅有的一家。南朝陈初建时，我国南方经过了多年战乱，经济遭到严重破坏，地方势力也纷纷割据。

南朝陈本来就版图狭窄，人口孤弱，力量单薄，加之统治者又极度腐败，至589年，终于在北方强敌进攻之下，历3代5帝而亡。

北朝时期自420年北魏开始，至589年隋灭南朝陈为止，经历北魏、东魏西魏对峙、北齐北周对峙三个时期，包括隋立国至灭陈时期。北魏、东魏、西魏及北周由鲜卑族建立，北齐则由胡化汉人所建。北魏于十六国时期由拓跋鲜卑所建，前身为代国。前秦于"淝水之战"崩溃后，代王拓跋什翼犍之孙拓跋珪举兵复国，都盛乐，改国号为魏，史称北魏。北魏初期，实行宗主督护制，从5世纪下半期开始，其汉化加快，开创了北魏黄金时代的人，是北魏孝文帝拓跋宏。

孝文帝实行三长制，颁布均田制，迁都洛阳后，又推行了一系列改革鲜卑旧俗的措施。孝文帝大力推行汉化运动，例如全用汉官官制、禁胡服胡语，推广教育，改姓氏并同汉人世族通婚，禁止归葬及度量衡采汉制，并颁诏宣布吸收汉族文化。孝文帝企图通过限制自身文化，来达到与汉族融合的目的。

通过孝文帝的改革，使得汉族先进文化及先进政治制度完全融入了北魏的统治中，我国北方已经开始进入了其民族融合的阶段。孝文帝死后，北魏开始走入下坡。534年，北魏分裂成东魏及西魏后灭亡。

东魏高欢不及西魏宇文泰，他3次战役俱败。高欢死后，长子高澄继承霸业，但不久离奇遇刺。其弟高洋继任后，于550年废杀东魏帝，屠杀东魏皇室，东魏亡。高洋建国北齐，史称北齐文宣帝。

556年宇文泰去世后，其侄宇文护专政。宇文护于隔年废西魏恭帝，建国北周，立宇文泰子宇文觉为北周孝闵帝。西魏亡。

北齐文宣帝于550年建国时继承东魏版图，他先后击败库莫奚、契丹、柔然、山胡等族，并攻下南朝梁的淮南地区。

在经济方面，农业、盐铁业、瓷器业都相当发达。然而齐文宣帝在后期荒淫残暴，并为了维护鲜卑贵族，屠杀汉人世族。昏庸好色的高纬继位后，北齐被南朝陈攻下，并在577年亡于北周。

北周孝闵帝于556年立国时继承西魏版图。当时朝政由堂兄宇文护掌握，周孝闵帝意图联合赵贵、独孤信推翻宇文护，但被其发现，赵贵、独孤信两人被杀，周孝闵帝也在隔年先废后杀。

宇文护改立宇文毓为帝，即周明帝，但随后又毒死周明帝改立宇文邕，即周武帝。周武帝采取韬晦之计亲掌朝政。他在任内推动多方面的改革，使北周国力更盛。

578年，周武帝在南征南朝陈后逝世，太子宇文赟继立，即周宣帝。周宣帝荒淫昏庸，迷信佛道二教，立5位皇后并夺人妻子。北周发生内乱，使得南朝陈得以维持下去。此时，北周开国元勋杨忠之子杨坚，开始集结周廷文武诸臣，形成一股庞大的集团。581年杨坚代周为帝，即隋文帝，改国号隋，北周亡。

隋文帝于588年发动灭陈之战，隔年攻陷建康，南朝陈亡，中国再度统一。至此，南北朝时期结束。

拓展阅读

北魏孝文帝拓跋宏在推行汉化改革时，有一次跟大臣们一起议论朝政，他说："你们看是移风易俗好呢，还是因循守旧好呢？"

咸阳王拓跋禧说："当然是移风易俗好。"

孝文帝说："那么我要宣布改革，大家可不能违背。"

接着，孝文帝就宣布几条法令：改说汉语，违反这一条就降职或者撤职；规定官民改穿汉人的服装；鼓励鲜卑人跟汉族的士族通婚，改用汉人的姓。北魏皇室本来姓拓跋，从那时候开始改姓为元。孝文帝改名元宏，就是用汉人的姓。

封建体制完备的隋朝

隋文帝杨坚结束了南北朝分裂局面，建立起一个大一统王朝隋朝。时间从581年隋文帝建国开始，至619年皇泰主杨侗被迫禅位为止，共存在了37年。隋朝的历史虽然短暂，但是隋朝的历史地位却是不容忽视的，因为盛唐的许多制度都是在隋朝时确立的。

在隋朝初年，隋文帝制定出了一系列政策，这些政策成就了隋初的"开皇之治"。但是在隋朝后期，政局却土崩瓦解。

隋朝是上承南北朝、下启唐朝的一个重要朝代，这一时代的封建体制基本完备。史学家常把它和唐朝合称为"隋唐"。

隋文帝杨坚平南朝陈后，迁陈朝皇室和百官家属入关中，同时派北方官吏到江南进行管理。但南方士族认为统一损害了他们的利益，便在陈朝旧境爆发反隋暴动。

但"统一"是多数人的呼声，分裂割据不可能真正获得江南人民的支持。此外，士族豪强各踞一方，力量分散。隋文帝审时度势，速派军事统帅杨素为行军总管，领兵镇压。

隋军兵锋所指，将反隋势力各个击破，用时一年即告平定。士族高门的北迁和这次镇压，沉重打击了江南的割据势力，巩固了隋朝政权。

在隋文帝统治时期和隋炀帝统治的前期，隋朝先后进行了一系列有利于巩固统一和强化中央集权的改革。

隋文帝刚一继位，就废除了西魏、北周时期仿照"周礼"制订的"六官制"，又综合参酌魏晋以来的变化，创立三省六部制，这一制度的确立，成为隋朝的行政中枢。

三省六部制的创立，是我国古代封建社会的一套组织严密的中央官制，它标志着我国官制已经形成了完整严密的体系。它后来为唐代继承和发展，各不同时期的统治者做过一些有利于加强中央集权的调整和补充。

隋文帝还对北周制订的苛重法律进行修改，制订和修改了隋律，即《开皇律》。隋律以北齐律为基础进行补充调整，形成了完整的体系。隋代法律对后世有很大的影响。曾经被东亚各国的法律所取法的唐律即是《开皇律》的继承和发展。

隋初较重要的改革还有铸造新五铢钱，从而统一了当时混乱的货币，又统一了度量衡。隋代的这些改革，适应了国家统一，民族融合，门阀制度衰落的历史发展趋向，因而具有积极意义。同时，实行这些改革，加强了封建国家机器，维护了地主阶级专政。

600年11月，隋文帝立杨广为太子。604年7月，杨广继位，这就是隋炀帝。从隋炀帝继位开始，几乎每年都有重役。604年11月，他发丁男数10万人，在今山西、河南省境内夹黄河两岸掘了两道长堑。

605年3月，隋炀帝营建东京，月役丁200万。同时征发河南、淮北丁男前后100余万人开凿通济渠，又发淮南民10余万人开邗沟，不到半年便完成了这两项工程。

隋炀帝在位14年间，几乎没有一年不出去巡游。他曾三巡江都，三到涿郡，两至榆林，一游河右，还在长安与洛阳间的频繁往还。伴随着巡游，到处建筑宫殿，每次出巡，宫人、侍卫和各色随从人员多达10万人，沿路供需都一概令地方承办。这笔费用最后都落在人民的头上。

隋炀帝这些劳役征发，完全超出了人民所承担的限度，在他即位的第五年，就已经有起义发生了。

611年，隋炀帝发动对高丽战争，更大规模地征发兵役和劳役，终于点燃隋末农民起义的燎原大火。

611年，这一地区遭到特大水灾，次年又发生旱灾，人民走投无路，起义的战鼓首先就在这里敲响。这一年，还有其他地方的起义。后来发展壮大的翟让领导的瓦岗军和由杜伏威、辅公祏领导的起义军，也都在这一二年间组织起来。

在这种局势下，隋朝政权迅速土崩瓦解。617岁5月，太原留守、唐国公李渊在晋阳起兵，11月占领长安，拥立隋炀帝孙子杨侑为帝，改元义宁，即隋恭帝。李渊自任大丞相，进封唐王。

618年4月11日，隋炀帝去世，群臣立隋炀帝的另一个孙子越杨侗为帝，改元皇泰，史称皇泰主。

618年6月12日，隋恭帝禅位李渊，18日，李渊正式称帝，建立唐朝，为唐高祖。

619年5月23日，王世充废隋哀帝，两个月后弑之，隋朝灭亡。

此后，东突厥的处罗可汗曾经派人迎接隋炀帝的孙子杨政道来东突厥，立政道为隋王，把留在东突厥境内的中原人交给政道管治，建立"大隋"，史称后隋。

630年，唐朝出兵灭亡东突厥，另外分兵攻破大隋，后隋朝灭亡。至此，隋政权残余全部灭亡。

回顾历史，隋朝灭亡的教训多多。隋朝末年，以李渊为代表的隋朝高官显贵，以萧铣为代表的南朝残余势力，以翟让等为代表的反隋起义等，星罗棋布，锋镝鼎沸。

史家有论，称割据为"土崩"，叛乱为"瓦解"。加上隋炀帝耗费大量人力物资，又四处征讨，过度耗费隋朝国力，隋朝顷刻间土崩瓦解，也就不足为奇了。

隋朝在政治、经济、文化等领域也有不少建树。除了建立完备的官制三省制，以及制订和修改的《开皇律》以外，隋文帝时还设立分科考试制度，取代九品中正制，自此选官不问门第。

至隋炀帝时，又增设进士科。至此，科举制度正式形成。科举制度顺应了历代庶族地主在政治上得到应有的地位的要求，缓和了他们和朝廷矛盾，使他们忠心拥戴中央，有利于选拔人才，增强政治效率，对中央集权巩固起了积极作用。

隋代是我国瓷器生产技术的重要发展阶段。其突出表现是，在河南省安阳、陕西省西安的墓葬中出土了一批白釉瓷。沼岐白瓷，胎质坚硬，色泽晶莹，造型生动美观，这是我国较早出现的白瓷。

在商业外贸方面，长安和洛阳，不仅是全国政治经济中心，也是国际贸易的重要城市。长安有都会、利人两市；洛阳有丰都、大同和通远三市。通远市临通济渠，周围二十门分路入市，商旅云集，停泊在渠内的舟船，数以万计。丰都市周围通十二门。像这样规模宏大、商业繁华的都市，在当时的世界上是非常罕见的。

南方还有通江达海、商贸繁荣的经济中心会稽，大运河的建设，也提升了长安、洛阳、会稽的经济文化交流。

隋文帝提倡儒学，把儒家学说提升到治国不可或缺的地位，鼓励劝学行礼。各地纷纷广建学校，关东地区学者众多，儒学一时兴盛。

王通是隋末大儒与隋朝著名的思想家，谥为"文中子"。

王通的孙子王勃是初唐四杰之一，而他的弟子魏徵也是唐朝初年的名臣。他的学说，对后来宋代的理学影响深远。

在科技方面，李春设计和主持建造的赵州桥，是现存世界上最古老的一座石拱桥，比欧洲早700多年；刘焯制订的《皇极历》，是当时最先进的历法；大运河南通杭州，北通涿州，成为天下货物集散地；运河沿岸也如雨后春笋般的发展出数座商业城市。

大兴城的修建不仅是我国古代城市建设规划高超水平的标志，也是当时国家的经济实力和科技水平的综合体现。大兴城乃当时的"世界第一城"。

隋朝在对外交往上，秉持一种以德服人的观念。在隋朝看来，各藩属国定期来朝，宗藩和平相处，是最理想的一种天朝政治秩序。

当然，有时也难免会使用战争的手段，不过，那也只是以臣服为目的，而不是要彻底击灭。正是在这样一种外交理念的指导下，帝国时代出现了万邦来朝的恢弘局面。

拓展阅读

某夜，隋文帝做了个噩梦，梦见有位神人把他的头骨给换了，梦醒以后便一直头痛。

后来隋文帝遇一僧人，告诉他说："山中有茗草，煮而饮之当愈。"

隋文帝服之后果然见效。因为上有好者，下必甚焉，所以当时人们竞相采啜，并赞叹："穷春秋，演河图，不如载茗一车。"苦心钻研孔子的《春秋》，殚精竭虑去演绎谶书《河图》，还不如有许多茶喝来得快活。

隋文帝一统天下，结束了南北朝长期的对峙局面，南北的饮茶等风俗文化才得以迅速交融。

盛衰可鉴的大唐王朝

　　唐朝建立者是李渊。时间从618年由李渊建国开始，至907年朱温篡唐，唐朝灭亡，共历289年，20位皇帝。

　　唐朝是我国历史上统一时间最长，国力最强盛的朝代之一，开创了"贞观之治"和"开元盛世"，国力极盛。唐朝全盛时在文化、政治、经济、外交等方面都达到了很高的成就，是我国历史上的盛世之一，也是当时世界的强国之一。后期爆发的"安史之乱"，导致大唐盛世由盛转衰。

　　唐朝声誉远及海外，与南亚、西亚和欧洲国家均有往来，文化艺术极其繁盛，具有多元化的特点。

618年5月，李渊称帝，定国号为"大唐"，这就是唐高祖。定都长安。长子李建成被封为太子，次子李世民为秦王，三子李玄霸早夭，四子李元吉为齐王。

唐朝建立后，李渊派李世民征讨四方，剿灭各方群雄。

由于太子李建成贪酒好色，无所作为，唐高祖李渊对其时常加以训斥，并无意中流露出想要改立秦王李世民为太子的意图。太子李建成知道父亲有如此想法后，整日惶惶不安，为了保住自己的地位，于是，他联络了三弟李元吉，阴谋策划要除掉李世民。

626年7月2日，在手下谋臣的极力怂恿下，李世民迫不得已策划了"玄武门之变"，一举杀死了李建成与李元吉。一场骨肉相残的斗争，令他们的父亲唐高祖痛心疾首，他迅速面对现实，立李世民为太子。为了防止冤仇相报，永无绝止，高祖被迫忍痛下诏，诛杀建成及元吉诸子，斩断复仇的根源，以换取朝国的安定。

李渊退位，尊为太上皇，李世民即位，这就是唐太宗，次年改元贞观。李世民登上皇帝宝座后，面临着十分严峻的问题。由于隋朝的暴政和多年的战争，人民生活困苦，社会生产遭到很大破坏。经历过隋末农民大起义的李世民，深深知道百姓的力量，于是，他大力着手恢复社会秩序和经济生产。

李世民善于安抚人心，在"玄武门之变"中，他不得已杀了李建

成兄弟。当他登上帝位后，就追封李建成为息王、李元吉为海陵郡王，并下诏以王子之礼将他俩改葬。落葬之日，李世民不仅允许两宫旧部前去吊唁，而且他还亲自参加了葬礼。

唐太宗李世民吸取隋朝灭亡的教训，非常重视老百姓的生活。同时，唐太宗留心吏治，选贤任能，知人善用，从谏如流，重用魏徵等诤臣；并采取了一些以农为本，厉行节约，休养生息，文教复兴，完善科举制度等政策，使得社会出现了安定的局面。

此外，唐太宗大力平定外患，并尊重边族风俗，促进了民族关系的融合，稳固了边疆。唐太宗则被四方诸国尊为"天可汗"。

在唐太宗执政的627年至649年，在君臣的共同努力之下，出现了一个政治清明、经济发展、社会安定、武功兴盛的治世局面，史称"贞观之治"。这是唐朝的第一个治世，同时为后来的"开元盛世"奠定了厚实的基础。

唐太宗晚年，为太子的问题而烦恼，太子李承乾与魏王李泰内斗，结果太宗废掉他们两人，最后立第九子晋王李治为太子。唐太宗死后，李治即位，这就是唐高宗。

唐高宗关心百姓疾苦，边陲安定，百姓阜安，有贞观之遗风，史称"永徽之治"。另外，他在位期间，唐朝的领土最大。

武则天时期，政局比较稳定，人才也都得到了合理的利用。同时，恢复了安西四镇，打退了突厥、契丹的进攻。同时，她以温和的民族政策，接纳多元文化的发展。文化事业也有了长足发展。史界称武则天当政时期为"贞观遗风"。

712年，李隆基即皇帝位，这就是唐玄宗，又称唐明皇。唐玄宗在位44年，前期政治比较清明，经济迅速发展，唐朝进入全盛时期，史称"开元盛世"。

这一时期被认为是继汉武帝、汉昭帝、汉宣帝时期之后，我国历史上出现的第二次鼎盛局面，是唐朝的全盛时期，首都长安城是当时世界最大的城市。

唐玄宗开创了盛世之后，逐渐开始满足了，沉溺于享乐之中。没有了先前的励精图治精神，也没有改革时的节俭之风。唐玄宗改元天宝后，志得意满，决意放纵享乐，从此不问国事。在他纳杨玉环为贵妃之后，更加沉溺酒色。

唐玄宗任用有"口蜜腹剑"恶名的李林甫为宰相长达18年之久，使得朝政日渐败坏，开始出现了宦官干政的局面。

唐玄宗晚年好大喜功，为此边境将领经常挑起对异族的战事，以邀战功。又由于当时兵制由府兵制改为募兵制，使得节度使与军镇上的士兵结合在一起，就出现了边将专军的局

面。其中以胡人安禄山最著。

安禄山掌握重兵，在755年11月趁唐朝政治腐败、军事空虚之机，和史思明发动叛乱，很快就攻陷了首都长安，史称"安史之乱"。

唐玄宗吓得逃到成都，太子李亨在灵武称帝，是为唐肃宗，唐玄宗为太上皇。安禄山则自称大燕皇帝，年号圣武。经过8年时间这场叛乱才被平定。

"安史之乱"使得唐朝的元气大伤，唐朝从此由盛转衰。此时均田制已经逐步瓦解，土地兼并现象日趋严重，租庸调制也无法实行。藩镇割据的形势已经形成。自此以后，唐朝外有吐蕃、回纥、南诏等外患，内有宦官掌权，禁军兵权甚至是皇帝的拥立都由宦官来决定。

859年爆发农民起义，经过黄巢的打击，唐朝的基础被打破，政权名存实亡。在镇压农民起义的过程中，又新兴起一批节度使，于是新旧割据势力相互间展开了剧烈的兼并战争。其中黄河流域势力最大的是河东节度使李克用、汴宋节度使朱全忠和凤翔节度使李茂贞三人。

889年，朱全忠奉表逼唐昭宗迁都洛阳，强令朝廷百官随驾东行，动身后派人尽毁长安宫室、百司及民间庐舍。

905年，朱全忠大肆贬逐朝官，接着又把崔枢等被贬的朝官30余人全部杀死于白马驿，投尸于河，这次事件史称"白马驿之祸"。政治上的阻力已全部扫除，朱全忠遂于907年逼唐哀帝禅位于己，改国号梁，是为梁太祖，改元开平，都于开封。唐朝灭亡。

唐朝灭亡后，五代的李存勖所建的后唐和十国的南唐都自称是唐朝的承继者而用"唐"作为国号。事实上他们的皇帝与唐朝的皇帝并无血缘关系。

唐朝在政治、经济、文化、科技、外交等方面都达到了很高的成就，是我国历史上的盛世之一，也是当时世界的强国之一。唐朝的疆域在最盛时期东至朝鲜半岛，西达中亚咸海以西的西亚一带，南到越南顺化一带，北包贝加尔湖至北冰洋以下一带，总面积达1251万平方千米，还有很多可不算。

唐朝周围守边的少数民族很多，为有效管理突厥、回纥、靺鞨、铁勒、室韦、契丹等，分别设立了安西、安北、安东、安南、单于、北庭六大都护府。

在军事上，军力强大是唐代的一个鲜明的特点。当时唐朝在亚洲军事制度，经济和科技的优势都是取得战绩的基础。唐朝是秦汉以来第一个不筑长城的统一王朝。

唐朝农业生产工具又有新的进步。曲辕犁就出现在唐朝。还出现了新的灌溉工具水车和筒车。耕地面积和粮食产量都有提高。官仓存粮接近一亿石。人口也大幅度增长，比如天宝年间，全国人口已经达8000万之多。

唐朝前期主要手工业有纺织业、陶瓷业和矿冶业。唐后期，南方手工业大幅进步，特别是丝织业、造船业、造纸业和制茶业。

唐朝的科技和文化兴旺发达。唐朝最令人瞩目的文学成就可算唐诗。自陈子昂和"初唐四杰"起，唐朝著名诗人层出不穷，他们的诗成为了我国古诗不可逾越的巅峰。

天文学家僧一行在世界上首次测量了子午线的长度；药王孙思邈的《千金方》是不可多得的医书；868年，中国《金刚经》的印制是目前世界上已知最早的雕版印刷。

在绘画方面，唐朝吴道子、阎立本、张萱和周昉等，都堪称一代大师，影响深远。唐朝的雕刻艺术同样出众。敦煌、龙门、麦积山和炳灵寺石窟都是在唐朝时期步入全盛。唐朝时期，书法家辈出。颜真卿、柳公权、张旭和怀素等，各自形成了风格独特的书体，很多作品成为后世临摹的范本。

大唐王朝，曾以其恢弘气度和开放胸怀书写了我国历史最为强盛的一页，令无数后人追怀仰慕不已。大唐近300年的历史，有着无数的故事，承载着大唐帝国的沧桑和辉煌。

拓展阅读

有一年，唐太宗派人征兵。

有个大臣建议，不满18岁的男子，只要身材高大，也可以征。唐太宗同意了。但是诏书却被魏征扣住不发。

唐太宗很生气。

魏征说："把湖水弄干捉鱼，虽能得到鱼，但是到明年湖中就无鱼可捞了。如果把那些身强力壮、不到18岁的男子都征来当兵，以后还从哪里征兵呢？国家的租税杂役，又由谁来负担呢？"

良久，唐太宗说道："我的过错很大啊！"于是，又重新下了一道诏书，免征不到18岁的男子。

政权剧变

　　从五代十国至元代是我国历史上的近古时期。五代十国作为唐宋之间的一个特殊时期，是我们不能绕开的。

　　宋朝的灭亡在于当权者短视、贪婪、懦弱，以至于在风雨飘摇中灭亡。

　　元朝虽然统一了全国，但极大地破坏了生产力，阻碍了两宋时期科技文化的继续繁荣发展。另一方面，元朝又一次打通了丝绸之路，为东西的交流做出了贡献。在元代后期，由于社会矛盾的加剧，不足百年的元朝政权被朱元璋率领的农民起义军推翻。

短暂割据的五代十国

　　五代十国，一般又简称五代，起止时间是907年唐朝灭亡至960年宋朝建立。五代是指后梁、后唐、后晋、后汉与后周五个依次更替的中原朝廷。公元907年，汴州朱温篡唐建立后梁，五代十国开始。

　　公元960年，后周被赵匡胤所篡，五代从此结束。在五代更迭的过程中，中原地区前后存在过前蜀、后蜀、吴、南唐、吴越、闽、楚、南汉、荆南、北汉十个割据政权，合称十国。它们在短暂的割据后，先后融入到我国历史发展的滚滚长河之中了。

我国古代以正统史观为主，因五代建立于中原地区，占据着原唐朝都城的中央地区，以正统自据，故后来的史学家著五代史。五代为期54年，有8个姓称帝，共14君。

自黄巢之乱结束后，唐朝名义上还存在20余年。但朝廷威权这时更加衰微，新旧藩镇林立，战争不休。国家分裂日益明显。

907年，朱温灭唐称帝，是为后梁太祖，国号梁，史称后梁，改元开平。五代时期自此正式开始。朱温本是黄巢的大将，降唐后受封为宣武节度使，据守汴州。此后，他逐渐攻占了蔡、徐、郓、曹、齐、濮等州，扫除了今华北许多割据势力。

903年，又战败称霸秦陇、挟持唐昭宗的李茂贞，消灭了长期掌握朝廷军政大权的宦官集团。中唐以来的强藩魏博、成德也因战败归附朱温。后梁建国以后，除今山西省大部和河北省北部外，基本统一了黄河中下游地区。

912年，朱温为其次子朱友珪所杀。次年，第三子朱友贞平乱后，即帝位。此后，后梁连年用兵，征敛苛重，国势日衰。

923年，李存勖在魏州即位，是为庄宗，改元同光，国号唐，史称后唐。同年，他派兵南下，攻占开封，梁末帝朱友贞自杀，后梁亡。后唐统一了华北地区。不久，后唐迁都洛阳。925年，后唐又派兵6万人攻灭前蜀。

但李存勖宠任伶官、宦官，朝政不修，又任用租庸使孔谦敲剥百姓,统治出现了危机。

926年,魏州骄兵发动叛乱,后唐庄宗李存勖在一片混乱兵变声中被杀。其后,国内陷入混乱状态。河东节度使石敬瑭是明宗的女婿。他乘后唐内乱,于936年夏向契丹称臣,并认契丹主耶律德光为父,以幽蓟16州为代价换取契丹援助。

11月,契丹主耶律德光册立石敬瑭为帝于太原,是为后晋高祖,改元天福,国号晋,史称后晋。闰十一月,石敬瑭攻入洛阳,后唐亡。937年,后晋迁都汴州,3年后升为东京开封府。

石敬瑭除割地外,还岁贡绢30万匹和其他玩好珍异之物。942年,石敬瑭死,侄石重贵继位,史称"出帝"或"少帝"。他在主战的景延广等人影响下,对契丹颇不恭顺。耶律德光便在降将赵延寿等人协助下,与后晋交战5年。

946年12月,契丹军攻下开封,俘虏石重贵,将其北迁,后晋灭亡。刘知远是后晋的河东节度使。当后晋与契丹交战时,他广募士卒,声言防备契丹,但却按兵不动。待辽帝将出帝迁往北方后,他于947年2月在太原称帝,是为后汉高祖,仍用天福年号。随后,他统兵南下,定都开封,改国号为汉,史称后汉。

刘知远死后,护国、永兴、凤翔三节度使连衡抗命。后汉虽出兵讨平,朝廷内部将相冲突又趋激化。950年冬,隐帝刘承祐

不甘受将相所制，杀杨邠、史弘肇、王章等权臣，又派人去谋害邺都留守郭威。

郭威当时出镇邺都，督抚诸将，北御辽国。隐帝杀他未成，郭威遂引兵南下，攻入开封，隐帝被乱兵所杀，后汉亡。

951年正月，郭威即帝位，是为后周太祖，改国号为周，史称后周，仍都开封。后周从政治、经济和军事方面进行了一系列改革，开始改变中国北方的残破局面。

955年，后周世宗柴荣出兵击败后蜀，收复秦、凤、成、阶4州。此后，又亲征南唐，得淮南、江北14州。959年，又收复辽占领的莫、瀛、易州。同年，柴荣病死。次年，赵匡胤取代后周，建立北宋。

十国及其余政权为割据势力，与五代并存，但各存在时间长短不一，如吴越，割据于唐亡以前，直至五代结束后才为北宋所灭。

唐朝末年，王建据有西川，后又取东川。903年受唐封为蜀王，占地北抵汉中和秦川，东至三峡。907年，王建称帝，建都成都，国号蜀，史称前蜀。

蜀土十分富饶，但自918年后主王衍继位后，蜀国朝政浊乱，卖官风气盛行，赋敛苛重。925年，庄宗派兵攻灭前蜀，任命董璋为东川节度使，孟知祥为成都尹、西川节度使。

孟知祥训练兵甲，后攻取东川，杀董璋。933年，后唐封他为蜀

王、东西川节度使。

次年，孟知祥称帝，建元明德，重建蜀国，史称后蜀，仍建都于成都。同年，孟知祥死，其子孟昶继位。契丹灭后晋之际，后蜀又得秦、成、阶、凤四州，拥有前蜀的故地。孟昶统治后期，君臣奢纵无度。965年，为宋所灭。

唐朝末年，杨行密据淮南28州，902年受唐封为吴王，都广陵，传四主。当时，大将徐知诰掌握大权，他访求贤才，杜绝请托，减轻赋敛，休兵息民，国家得以富强。

937年，徐知诰废吴帝，自己称帝，国号大齐，改元升元。次年改姓名为李，改国号唐，史称南唐，都金陵。

南唐占有今江苏、江西省和皖南、鄂东南等广大地区。李对外结好邻邦，对内整饬朝政，并禁止压良民为贱民，派人视察民田，按肥瘠分等收税和调兵派役，史称江淮之地，"频年丰稔"。

943年，李死，其子李璟继位。958年，李璟献江北、淮南14州。称臣于后周。961年，李璟死，子李煜即位，是为后主。975年，宋发兵南下渡江，攻破金陵，后主李煜被俘，南唐亡。

钱镠在唐末占据浙西地区。后来，他吞并浙东，占有两浙10余州之地。唐昭宗任他为镇海、镇东节度使。907年，后梁封他为吴越王。

吴越国土狭小，北邻强大的吴。钱镠戒约子孙，世代交结中原朝廷，借以牵制吴和南唐的侵扰。钱氏统治的80多年间，吴越地区相对安定，经济繁荣。978年，钱俶纳土入朝，吴越亡。

王潮、王审知兄弟在唐末占有福建全境，唐昭宗任王潮为节度使。909年，后梁封王审知为闽王。王审知统治近30年，他力行节俭，轻徭薄敛，境内富实安定。

审知死后，国内常有乱事，政局非常不稳。闽政权继承者都崇信道教巫术，他们大兴土木，除了盖宫殿外，还营造许多工程浩大的道观。费用不足，便公开卖官鬻爵，横征暴敛。945年，闽为南唐所灭。

马殷在唐末占有潭、衡诸州，被任为湖南节度使，进而占有桂管的梧、贺等州。907年被封为楚王，在长沙建宫殿，专制一方。马殷死后，诸子纷争，政刑紊乱。

951年，南唐发兵灭楚。唐朝末年，岭南东道节度使刘隐，逐渐平定割据势力。以后，据有西自邕州、东至潮州的岭南广大地区。

917年，其弟刘岩称帝，国号越，不久改称汉，史称南汉，都番禺。刘岩及其继承人都残暴荒淫。971年，南汉为宋所灭。

907年，后梁大将高季兴被任为荆南节度使，驻守江陵。924年后唐封他为南平王，所以荆南又称南平。荆南原有地8州，唐末，多被邻道所占。高季兴割据后，南平仅占有荆、归、峡三州，在十国中最为弱小。其统治者向四周各国称臣，求得赐予。963年，南平为宋所灭。

951年，当郭威灭后汉称帝时，刘知远弟太原留守刘崇也占据河东12州称帝，仍以汉为国号，史称北汉。北汉土瘠民贫，赋役繁重。统治者结辽为援，守境割据。979年，宋兵攻克太原，北汉亡。

除了五代十国以外，还有不少割据政权。如李克用称晋王于河东，建立的独立晋国，是后唐的前身；刘守光建立的燕国于河北北部，史称"桀燕"；李茂贞称岐王于凤翔，建立独立的岐国；党项羌拓跋氏雄踞夏、绥等地，即定难节度使，成为西夏王朝的前身。

此外，唐朝灭亡，耶律阿保机统一了契丹八部，势力日强，916年建立契丹国。后唐时，契丹攻灭渤海国，南向争夺中原。947年，改国号大辽，改元大同。自此以至于北宋，一直与中原王朝对峙。

五代十国的建国者多是唐末的节度使，他们能建立政权是因为手中拥有强大兵力。因此在建国以后，为了巩固统治，他们都设法削弱地方实力。长期称雄的河北诸镇在后梁、后唐之际被制服以至被消灭，就是因为自后梁始，禁军开始强化。

禁军除了用以捍卫京师和皇宫外，还被派驻各地，借以牵制和削弱藩镇的实力。朝廷还频繁调动节度使，更换其驻地，以防止他们长期占据一方，形成割据势力。

节度使往往兼其他职务，有的因此不能亲临镇所。一些地广兵强的藩镇，也由于地域被一再分割，势力大为削弱。藩帅在该辖区内任命刺史、县令的权力，逐渐被收归中央。对他们举荐、使用幕僚，也有不少限制。

当然，这些措施并没有在各地全部实行，骄兵逐帅、帅强叛上的情况依然存在。但就节度使本身而言，通过以上的削藩措施，它的实力已比唐代减弱。

五代十国时的刑法，基本行用唐代的律令格式和编敕，但因历朝又都有新颁的敕条，汇编附益，使得前后重复矛盾。

唐末黄巢起义后，长达六七十年内，大小战事不停。华北地区的兵役和各种劳役异常繁重。战争破坏和苛重赋役促使数以万计人民饿死或流徙他处。

唐末以来，南方虽也不免遭到战争的破坏，但在十国时期，重大战事较少，政局也较安定，有利于社会经济的恢复和发展。

自汉魏六朝以来，成都平原和太湖流域社会经济持续发展。蜀地富庶，前、后蜀时内部相对稳定，又注意兴修水利，"广事耕垦"。褒中一带还兴办了屯田，农业生产比较发达。

吴、南唐、吴越所在的长江中下游地区，大批荒地得到了开垦。吴越在浙东沿海修筑了捍海石塘，以防海潮侵袭又募民开垦荒田，免征田税，使两浙成为东南的富庶地区。

唐末，北方大乱，不少人以"岭外最远，可以避地"，迁至南汉统治地区。长期安定的环境有利于发展生产，府库逐渐充实。

诸国混战虽然严重破坏了社会经济，但社会生产仍未中断。即使在华北地区，后梁建国初和后唐明宗在位时，都曾分别采取某些恢复生产的措施。后周时，手工业如纺织、造纸、制茶等生产也有所发展。

瓷器制造和雕版印刷业的成就尤为突出，南方和北方都有精制的瓷器，也都出现了雕版印刷。

由于诸国林立，兵祸连年，商贸往来受到了严重影响。但通商贸易、互通有无是大势所趋。华北需要的茶叶经常通过商人南来贩运，南方茶商的行踪也远至河南、河北，他们贩卖茶叶，买回缯纩、战马。江南人所需的一部分食盐也依赖华北供应。

对外贸易也很兴旺，东自高丽、

日本，西至大食，南及占城、三佛齐，都有商业往来。福州、泉州、广州都是外贸重要港口。吴越、吴国和南唐从海外输入"猛火油"使用，还从海道再输往契丹。

唐末，雕版印刷较发达的西蜀，印刷品主要是占卜书、字书等。史学也取得重要成绩。《旧唐书》是这一时期撰成的重要史学著作。

五代十国是词的重要发展时期。西蜀和南唐词人较多，水平也较高，从而成为两个中心。西蜀有韦庄、欧阳炯等人，他们的作品后来由赵崇祚等收入《花间集》，南唐有冯延巳、中主李璟、后主李煜等人。李璟父子的作品，后人集刻为《南唐二主词》。李煜是这一时期最重要的词人。

拓展阅读

朱温小名叫朱阿三，小的时候，才智平平，也喜欢弄棒使棍，和小孩子厮闹。

有一次他和一个小伙伴吵架，那个小伙伴便取下身边的长棍，向朱温打去。

朱温不慌不忙，一手夺住，随即折为两半。

此时恰好遇见那孩子的母亲，母亲问明情况，呵斥道："你休得如此，朱阿三他可不是一般人，我曾经看到他睡的地方有一条红色的蟒蛇盘在身上，而且鳞甲森森，光芒闪闪，有人说他是真龙附体，你休去招惹。"

从此以后，没人再惹朱温了。

风雨飘摇的两宋王朝

宋朝是我国历史上承五代十国、下启元朝的时代，根据首都及疆域的变迁，可再分为北宋与南宋，合称两宋。

宋朝的建立者是赵匡胤。北宋和南宋分别建都于汴梁和临安。宋朝的存在时间是从960年赵匡胤建立宋朝，至1279年厓山海战结束为止。

宋朝是结束五代十国纷乱建立起的国家政权。在两宋时期，我国各民族呈现空前大融合，商品经济空前大发展，外交及文化艺术取得了丰硕的成果，堪称我国历史上最辉煌的时期。

北宋开国皇帝赵匡胤起初投奔后汉大将郭威，因喜爱武艺，得到了郭威的赏识。后他又参与拥立郭威为后周皇帝，被重用为典掌禁军。周世宗柴荣时，他又因战功而升任殿前都点检，掌握了后周的兵权，并负责防守后周国都汴梁。

960年，赵匡胤以"镇定二州"的名义，谎报契丹联合北汉大举南侵，领兵出征，发动"陈桥兵变"，黄袍加身，废去周世宗柴荣，赵匡胤称帝，建立宋朝，定都汴梁。史称"北宋"，赵匡胤就是宋太祖。

宋太祖在开国之初，所面临的一项重要事业就是统一全国。他与老将赵普雪夜商讨，最后决定以先南后北为统一全国之步骤。

宋太祖首先行假途灭虢之计，灭亡了南平和楚。之后又灭亡后蜀、南汉、南唐三国。为了统一全国，他还设立封桩库来储蓄钱财布匹，希望日后能够从辽朝手中赎买燕云十六州。

976年8月，宋太祖在进行北伐时忽然去世，其弟赵光义即位，庙号太宗。宋太宗稳固统治地位后，继续国家统一事业，灭亡北汉，进行北伐，曾经一度收复易州和涿州。

宋真宗赵恒在位期间，奉行黄老政治，无所作为。当时的辽朝见机经常在宋辽交界处抢劫杀掠，至1004年终于演变成大规模侵宋战争。宰相寇准力主抗战，结果宋真宗亲征，宋军士气大振，与辽军相持在澶州城下，辽军被迫求和。经过几番交涉，两国议和成功。

宋神宗赵顼在位期间，锐意改革，启用著名改革派名臣王安石进行朝政改革，将其任命为参知政事。王安石新法包括均输、青苗、免役、市易、保甲、保马、方田均税等。

宋徽宗赵佶即位后，专好享乐，对朝政毫无兴趣，政务都交给以蔡京为首的六贼。宋徽宗本人又好大喜功，当他看到辽国被金国进攻后，便派遣使节与金国商议共同攻辽，北宋负责攻打辽的南京和西京。灭辽后，燕云之地归宋。此即为海上之盟。但宋朝军队却被打得大败，被金兵掠去燕京的人口，并克营、平、滦三州。

1125年，金兵分两路南下攻宋。宋徽宗吓得立刻传位其子宋钦宗赵桓。宋钦宗患得患失，在战和之间举棋不定。

1126年9月，太原沦陷。11月，开封外城沦陷，金军逼着宋钦宗前去议和，要求索要大量金银。宋钦宗在金国的逼迫下大肆搜刮开封城内财物。开封城被金军围困，城内疫病流行，饿死病死者不在少数。

1127年，宋钦宗被金国废位，贬为庶人。宋徽宗被迫前往金营。结果徽钦二宗被金人掠到五国城。此外，北宋后宫和大量官民女眷被抵押给金国，史称"靖康之耻"或"靖康之祸"。徽宗被封为昏德公，钦宗被封为重昏侯。最后两人客死异乡五国城。

金国在靖康之难中俘虏了众多的宋朝宗室，但康王赵构侥幸逃脱。1127年，赵构南下到陪都南京应天府即位，这就是宋高宗，改元建炎。之后，宋高宗一路从淮河、长江到绍兴率百官遥拜二帝，恢复宋朝。并将绍兴升为绍兴府，以绍兴为行都，后以临安为行在。

金国继续一路南扑，由于南方天候潮湿河道纵横，加上南宋军民的英勇抗战，金主帅完颜宗弼决定撤兵北上。在北撤到镇江时，被宋将韩世忠断掉后路，结果被逼入黄天荡。宋军以8000人之兵力围困金兵10万，双方相持48天，最后金军用火攻才打开缺口，得以逃脱。金军于北撤途中，又在建康被岳飞打败，从此再不敢渡江。

1235年，蒙军首次南侵，被击退。蒙军并不甘心失败，于次年和第三年两次南侵，其前部几乎接近长江北岸。由于宋军奋勇作战，打败蒙军，再一次挫败蒙军度江南下的企图。在以后的很长一段时间，南宋军民又多次击败蒙军，使其不得冒进。1259年，蒙古大汗蒙哥在与宋军征战中被流矢所伤死于军中，其弟忽必烈听到消息后，立即返回北方自立为汗。1271年，忽必烈建国，取国号为元。

1274年，宋度宗去世，长子赵㬎即位。1275年春，元军攻克南宋军事重镇安庆和池州，威逼建康，长江防线崩溃。朝野大震。不久，常州、平江相继沦陷，临安人心惶惶。1276年农历二月初五，临安城里举行受降仪式。在亡国之际，赵氏子孙赵昰和赵昺被大臣保护逃出临安。赵昰在福州即位，是为宋端宗。

1276年11月，蒙军逼近福州，11月15日，宋朝大臣陈宜中、张世杰护送赵昰和赵昺乘船南逃，从此小朝廷只能海上行朝。1278年4月15日，年仅11岁的赵昰去世。陆秀夫与众臣拥戴赵昺为帝。

在元军猛攻下，雷州失守，小朝廷迁往厓山，即今天的广东省新会。元军在北方汉人将领张弘范率领下紧追在后，对厓山发动总攻。宋军无力战斗，全线溃败。赵昺随陆秀夫及赵宋皇族800余人集体跳海自尽。世人不耻张弘范，特于此立碑嘲之：宋张弘范灭宋于此。

至此，宋朝彻底灭亡。宋朝灭亡是"厓山之后无中国"，但是宋朝的经济繁荣程度可谓前所未有，农业、印刷业、造纸业、丝织业、制瓷业均有重大发展。航海业、造船业成绩突出，海外贸易发达，和南太平洋、中东、非洲、欧洲等地区50多个国家通商。

南宋时期对南方的开发，促成江南地区成为经济文化中心。两宋的科技成就，不仅成为我国古代科学技术史上的一个高峰，而且在当时的世界范围内也居于领先地位。

别的且不说，就对整个人类文明发展产生重大而深远影响的我国古代四大发明，其中的3项即活字印刷、火药、指南针，就是在两宋时期完成或开始应用的。此外，在医学和数学方面也取得了辉煌成就。

宋朝文学十分发达，诗、词、散文都有伟大成就。完成了古文运动。在"唐宋八大家"中，宋人占了6家。词达到全盛。话本在我国文学史上开辟了新的纪元。

宋朝外敌频繁，外交的重要性日益增加。针对不同的外交对象，给予不同的馆待礼遇，并使之专门化。宋朝奉行朝贡体制，然而将重心放在政治利益与经济利益，也就是"来则不拒，去则不追"。这样既有利于外交往来，又给朝廷带来实惠，使外交和经济获得双赢。

拓展阅读

宋太祖赵匡胤年轻时随身总是携带一根盘龙棍，时不时舞上一阵。他整天泡在赌场上，输多赢少。一个盛夏的夜晚，昼夜狂赌使他口干舌燥，就到一片瓜地去偷瓜。

结果被看瓜的王老汉逮个正着，管他要一文钱。

赵匡胤实在找不到钱，便把盘龙棍递给王老汉作为抵押。

王老汉拿过盘龙棍，叹道："可惜呀！这条盘龙棍拿在你手里，却只能在赌场上耍威风、瓜棚里作为押头！"

王老汉几句肺腑之言，说得赵匡胤无地自容。后来，他再也没去赌博。

黄金家族的余晖元朝

元朝全称大元大蒙古国，由蒙古族元世祖忽必烈所建。时间从1271年忽必烈称帝开始，至1368年明军攻占元大都为止。元朝的统一，结束了藩镇割据局面，推动了多民族统一国家的巩固和发展。

元朝实行一省制，在中央设中书省，左右丞相和平章政事处理政务。地方实行行省制度，开我国行省制度之先河。商品经济和海外贸易比较繁荣。其间还出现了元曲和散曲等文化形式。

但元朝的整体生产力不如宋朝，后期因统治腐败和民族压迫，导致农民起义，元朝在全国的统治结束。

1271年，蒙古大汗忽必烈称帝，公布《建国号诏》法令，取《易经》中"大哉乾元"之意，正式建国号大元。第二年，在刘秉忠规划下，建都于金国中原的大都。

1273年，蒙元铁骑攻陷樊城。不久，襄阳守将吕文焕归降。随后，丞相伯颜督率大军沿江东下，南宋守将或败或降。

1276年，临安归降，宋恭帝投诚。之后，南宋大臣文天祥与张世杰、陆秀夫等人在东南沿海继续顽抗。1278年，文天祥兵败被俘，被囚于大都3年之久，拒绝了大元的招安，后从容就义。

蒙古军灭亡南宋后，曾进攻过周边一些地区，如安南、占城、爪哇和日本等，其中以试图入侵日本的战争最为著名。蒙古曾经于1274年和1281年两次入侵日本，但都因为内部不和、不习水战，以及遭遇台风等原因而招致惨败。

从攻南宋以来，连年战争，加以宫廷廪禄、宗藩岁赐，都需要巨额经费来支持。为此，统治阶层出现了与官员之争。以许衡为首的儒臣派官员认为，元朝应该节省经费、减免税收。

为了解决财政困难，忽必烈曾经设立尚书省来解决这个问题。尚书省的理财政策主要包括：增加税收、兴铁冶、铸农器官卖、变更钞法等，使国家的收入显著增加。

1294年，忽必烈驾崩，铁穆尔即位，是为元成宗。元成宗停止对外战争，专力整顿国内军政。采取限制诸王势力、减免部分赋税、新编律令等措施，使社会矛盾暂时有所缓和。同时，发兵击败西北的海都、笃哇等，使西北长期动乱局面有所改观。

元成宗在位期间基本维持守成局面，但滥增赏赐，入不敷出，国库资财匮乏，钞币贬值。晚年患病，朝政日渐衰败。他执政末年还成功与长期敌对的窝阔台汗国和察合台汗国讲和，彻底结束了西北的动乱局面。1307年，元成宗去世，海山即位于元上都，是为元武宗。元武宗为了摆脱财政危机，下令重新设立尚书省，并印发至大银钞，结果导致至元钞大为贬值。不久，他与察合台汗国瓜分了窝阔台汗国，窝阔台汗国从此灭亡。

1320年，元英宗硕德八剌即位。他继承了元仁宗的以儒治国政策，加强中央集权和官僚体制，1323年下令编成并颁布元帝国正式法典《大元通制》。

元英宗下令清除朝廷中铁木迭儿势力，但此后内部争斗更加激烈。加上朝中的蒙古保守势力对元英宗以儒治国的施政不满，导致铁木迭儿的义子铁失在去上都避暑之机，在上都以南一个名叫南坡地方，刺杀元英宗及宰相拜住等人，史称"南坡之变"。

1328年，元泰定帝死。丞相倒剌沙在上都奉泰定帝之子阿剌吉八为帝，是为元天顺帝。而与此同时，元武宗的旧部重臣燕铁木儿与河南行省丞相伯颜则分别秘密向漠北和江南遣使，同时迎接周王和世剌与其弟图贴睦儿。结果，图帖睦尔先至大都，在1328年自立为帝，是为元文宗。元文宗大兴文治。1329年，札牙笃汗设立了奎章阁学士院，掌进讲经史之书，考察历代治乱。又令所有勋贵大臣的子孙都要到奎章阁学习。

奎章阁下设艺文监，专门负责将儒家典籍译成蒙古文字，以及校勘。同年编纂《元经世大典》，两年后修成，为元代一部重要记述典章制度的巨著。元文宗在位期间，丞相燕帖木儿自恃有功，玩弄朝廷，导致大元朝政更加腐败。

元文宗于1332年去世前，遗诏立年仅7岁的懿璘质班为帝，是为元宁宗。但元宁宗仅在位不到两个月即去世，不久后燕帖木儿也去世。元明宗的长子妥欢贴睦尔被札牙笃汗皇后卜答失里从静江召回并立为帝，是为元惠宗，又称"元宣仁普孝皇帝"。

蒙古统治阶级内部却在为争权夺利而互相征战，也加速了帝国的衰落。此外，由于元朝后期，蒙古统治者变本加厉向汉人收取各种名目繁杂的赋税，汉人被压迫得更为严重，导致了各地的起义。

1351年，元惠宗执政时，派贾鲁治黄河，欲归故道，动用民夫15万人，士兵2万人。而官吏乘机敲诈勒索，造成不满。

于是，白莲教首领韩山童、刘福通等人决定在5月率教众发动起事，但事泄，韩山童被捕杀，刘福通带韩山童之子韩林儿杀出重围，指韩山童为宋徽宗八世孙，打出"复宋"旗号，以红巾为标志。

其后，江淮地区的红巾军领袖郭子兴等人也纷纷加入。彭和尚也在湖北扶助徐寿辉起义。至此揭开了大元灭亡的序幕。

蒙古政府派兵镇压各地红巾军，一度取得了很大的胜利。至1354年，脱脱率军围攻高邮起义军张士诚部，被朝中弹劾，功亏一篑。

1356年至1359年，朱元璋继承了病逝的郭子兴的地位，并不断扩充自己的势力，击败陈友谅等其他南方起义军和南方大元势力，攻占了江南的半壁江山。

1367年，朱元璋开始北伐。在大将徐达、常遇春等的协助下，于1368年8月攻克通州。元惠宗于此前仓皇北逃，次年4月病死于应昌。

徐达率军攻陷元朝首都元大都，标志着元朝作为全国性政权结束。

元朝经济整体生产力虽然不如宋朝，但在生产技术，垦田面积，粮食产量，水利兴修以及棉花广泛种植等方面都取得了较大发展。

为了适应商品交换，元朝建立起世界上最早的完全的纸币流通制度，是我国历史上第一个完全以纸币作为流通货币的朝代，然而因滥发纸币也造成通货膨胀。商品交流也促进了元代交通业的发展，改善了陆路、漕运，内河与海路交通。

元朝有名的天文学家有郭守敬等人。郭守敬等人修改历法，主持编订的《授时历》，沿用了360多年，这是人类历法史上的一大进步。

元朝文学以元曲与小说为主，戏曲、小说第一次取得了主导地位。元曲兴盛，最后成为与汉赋、唐诗、宋词并称的我国优秀文学遗产。江南则出现以浙江为中心的文人阶层，孕育出《三国演义》和《水浒传》等长篇小说，自由奔放的文人如倪瓒等人。

拓展阅读

元世祖忽必烈任用人才能抛开年龄、门第等成见，只要他认为有才能，就大胆录用，破格提拔。

他大胆提拔人才，把18岁的安童任命为丞相，这在大一统的王朝中，是绝无仅有的。

安童是元初"开国四杰"之首的木华黎的孙子，但安童一点也不愿意倚仗着祖辈的功劳的荫庇，而是树立大志，勤奋学习。担任丞相以后，安童一直身居要职，直至49岁因病去世，共为元世祖效力31年，为元初国家的稳定和繁荣作出了巨大的贡献。

王朝盛衰

明清两代是我国历史上的近世时期。明清两代的封建君主专制达到顶峰，统一多民族的形势得到巩固。

在明朝早期，国家保持着一支庞大的军事力量，并且实施了一些有效的改革措施。但后期的宦官干政和官员怠政，引发了一系列社会矛盾。

清朝前期君臣保持了一个经营者的姿态，但从乾隆末年开始，衰象已经显现。官员牟利，军务废弛，财政日亏，阶级矛盾激化。在内忧外患之下，改革的新潮仍然不能力挽大厦于将倾。一个全新的时代到来了。

怠政干政毁掉的明朝

明朝是我国历史上最后一个由汉族建立的封建王朝。1368年，由明太祖朱元璋建立，我国再次回归到由汉族建立起来的的王朝，即明朝的统治之下。历经12世、16位皇帝，共计276年。1644年，李自成攻入北京，明思宗朱由检于煤山自缢，明朝灭亡。

明朝是我国继周朝、汉朝和唐朝之后的繁盛时代，史称"治隆唐宋"、"远迈汉唐"。明朝也曾是手工业、经济最繁荣的国家之一。

明朝没有汉唐之和亲，没有两宋之岁币，只可惜官员怠政，宦官干政，终使天子御于国门，君主死于社稷。

1368年正月初四，朱元璋在应天称帝，建立明朝，改元洪武。明太祖称帝后，相继消灭四川和云南的对抗势力，又派兵八次深入漠北追歼元朝残余势力，取得多次胜利，最终在捕鱼儿海灭亡北元朝廷。

明太祖即位后，为了发展经济，积极恢复社会经济生产，尽量减轻农民负担，全面改革元朝留下的糟糕吏治，惩治贪污的官吏，社会经济得到恢复和发展，史称"武之治"。

1387年，明太祖派军进攻辽东，迫降元将纳哈出。至此，除漠北草原和新疆等地外，明太祖基本上实现了统一大业。

1398年明太祖驾崩，由于太子朱标早死，由皇太孙朱允炆即位，年号建文，即明惠宗。明惠帝为巩固皇权，与亲信大臣齐泰、黄子澄等密谋削藩。因以边防为名调离燕王的精兵，准备削除燕王，结果燕王朱棣在姚广孝的建议下以"清君侧，靖内难"的名义起兵，最后率军南下，占领京师，是为靖难之役。

1402年朱棣即位，即明成祖，年号永乐。明成祖时期武功昌盛。先是出击安南，将安南纳入明朝版图，设立交趾布政司。之后又亲自五入漠北，攻打北元分裂后的鞑靼与瓦剌。

明成祖还于1406年和1422年对兀良哈蒙古进行镇压，以维持这一地区的稳定。明成祖为安抚东北女真各部，在归附的海西女真与建州女真设置卫所，并派也失哈安抚位于黑龙江下游的野人女真。

1407年，也失哈在混同江庙街的对岸塔林设置奴儿干都司，扩大明朝东疆，也失哈并于1413年视察库页岛，宣示明朝对此地的主权。

明成祖一改明太祖闭关自守的外交策略，自1405年开始派宦官郑和下西洋，向各国交往、宣示威德以及建立朝贡体制。其规模空前，最远到达东非索马里地区，扩大明朝对南洋、西洋各国的影响力。

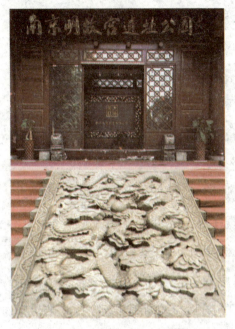

在文治方面，明成祖修大型类书《永乐大典》，在3年内即告完成。1405年明成祖将北平改名北京，称行在，并设立北平国子监等衙门。1416年，明成祖公布迁都的想法，得到认同，隔年开始大规模营造北京。1420年宣告完工，隔年迁都。因为永乐年间天下大治，并且大力开拓海外交流，所以有学者将这段时期称为"永乐盛世"。

成祖对异议者强力镇压，诸如黄子澄、齐泰等建文旧臣等都被杀。其中以方孝孺的诛十族最为惨烈。登基后恢复了太祖时期后来被废除的锦衣卫，另外他还设置了另外一个特务组织东厂。至此，明代厂卫制度确立。

明成祖驾崩后，其长子朱高炽即位，即明仁宗，年号洪熙。明仁宗年龄已经偏高，即位仅一年就驾崩，长子朱瞻基即位，是为明宣宗，年号宣德。

1435年明宣宗去世，9岁的朱祁镇继位，即明英宗，年号正统。明英宗将明太祖留下的禁止宦官干政的敕命铁牌撤下，对太监王振信任有加。王振擅权贪腐，家产计有金银60余库，其受贿程度可想而知。

1435年蒙古西部的瓦剌逐渐强大，经常在明朝边境一带生事。1449年瓦剌首领也先率军南下伐明。王振怂使明英宗领兵20万御驾亲征。大军离燕京后，兵士乏粮劳顿。

8月初大军才至大同。王振得报前线各路溃败，惧不敢战，又令返回。回师至土木堡，被瓦剌军追上，士兵死伤过半，随从大臣有50余人阵亡。明英宗突围不成后不幸被俘，王振为将军樊忠所怒杀，史称"土木堡之变"，是明朝由盛转衰的一个转折点。

兵部侍郎于谦拥戴明英宗弟朱祁钰即位，即明代宗，年号景泰。于谦升任兵部尚书，整顿边防积极备战，同时决定坚守北京，随后两京、河南、山东等地勤王部队陆续赶到。

瓦剌军进击北京城时，于谦率领各路明军奋勇抗击，屡次大破瓦剌军，瓦剌军撤退。明朝取得北京保卫战的胜利，于谦力排众议，加紧巩固国防，拒绝求和，多次击退瓦剌多次侵犯。

1450年，瓦剌军释放明英宗。然而明代宗因为皇权问题，不愿意接受明英宗。1457年，石亨、徐有贞等人联盟，欲拥戴明英宗复辟，就趁着明代宗重病之际发动兵变。明英宗复辟后，改元天顺。略有新政，废除自明太祖时残酷殉葬制度。

1464年去世后，朱见深即位，即明宪宗，年号成化。明宪宗口吃内向，因此很少延见大臣，终日沉溺于也妻也母的万贵妃，宠信宦官汪直、梁芳等人，晚年好方术。以至奸佞当权，西厂横恣，朝纲败坏，民不聊生。

1487年明宪宗去世，其子朱祐樘继位，即明孝宗，年号弘治。明孝宗先是将明宪宗时期留下的一批奸佞冗官尽数罢去，逮捕治罪。并选

贤举能，将能臣委以重任。

明孝宗勤于政事，每日两次视朝。明孝宗对宦官严加节制，锦衣卫与东厂也谨慎行事，用刑宽松。明孝宗力行节俭，不大兴土木，减免税赋。明孝宗的励精图治，使得弘治时期成为明朝中期以来形势最好的时期，史称"弘治中兴"。

1505年明孝宗去世，其子朱厚照即位，是为明武宗，年号正德。明武宗的荒游逸乐，导致正德年间战事频生。他在泛舟取乐时落水染病，1521年驾崩。明武宗驾崩后，明孝宗之侄、兴献王之子朱厚熜入嗣大统，是为明世宗，年号嘉靖。明世宗从1534年后即不视朝，但仍悉知帝国事务，事无巨细仍出已断。明世宗信奉道教，信用方士，在宫中日夜祈祷。

1566年明世宗驾崩，皇太子朱载垕即位，即明穆宗，年号隆庆，

翌年为隆庆元年。在隆庆朝，名臣名将荟萃。朝廷的实际政务渐渐落到了张居正的手上。陆上与蒙古达成和议，史称俺答封贡；海上开放民间贸易，史称"庆开关"因为这两项措施，明朝又重现中兴气象，史称"庆新政"

明穆宗中风驾崩，年仅9岁皇太子朱翊钧继位，即明神宗，改元万历。由于明神宗年幼，张居正辅政10年，推行改革。

内政方面，推行考成法，裁

撤政府机构中的冗官冗员，整顿邮传和铨政；经济上，清丈全国土地，抑制豪强地主，改革赋役制度，推行一条鞭法，减轻农民负担；军事上，加强武备整顿，平定西南骚乱，重用抗倭

名将戚继光总督蓟、昌、保三镇练兵镇守长城，使边境安然。张居正还启用潘季驯治理黄河，变水患为水利。

1587年后，明神宗就开始连续不上朝，整日琢磨大兴土木，筹建自己的陵园，还派太监为矿监和税监搜刮民间财产。由于神宗不理朝政，缺官现象非常严重。

1619年，明神宗去世。其长子朱常洛登基是为明光宗，光宗仅在位一个月，便因服用李可灼的红丸猝死，时年39岁。

明熹宗在位期间，早期大量启用东林党人，结果导致东林党与其他党斗争不断，明熹宗也因此对朝政失去了耐心，魏忠贤借此机会干预政治，政治更加腐败黑暗。

在当时，东北方的后金逐步占领辽东地区。1626年，努尔哈赤率军攻打宁远，明军在袁崇焕的指挥下凭借坚城固守抗敌，最终击败后金军，并击伤努尔哈赤，史称"宁远大捷"。不久后，努尔哈赤死去，其子皇太极即位。

1627年明熹宗不慎落水病重，不久去世。其五弟朱由检继位，即

明思宗，年号崇祯。

明思宗即位后，锐意铲除魏忠贤的势力以改革朝政。他下令停建生祠，逼奉圣夫人客氏移居宫外，最后押到浣衣局处死。下令魏忠贤去凤阳守陵，魏忠贤于途中与党羽李朝钦一起自缢，明思宗将其首级悬于河间老家，阉党其他分子也被贬黜或处死。然而党争内斗激烈，明思宗不信任百官，他刚愎自用，加强集权。

1629年，皇太极改采绕道长城以入侵北京，袁崇焕紧急回军与皇太极对峙于北京广渠门。经六部九卿会审，最后杀袁崇焕，史称"己巳之变"。

其后，皇太极多番远征蒙古，终于在六年后彻底击败林丹汗，次年在盛京称帝，改国号为大清，并且5次经长城入侵明朝直隶、山东等地区，史称清兵入塞。

崇祯时期朝政混乱与官员贪污昏庸，又因与后金的战争带来大量辽饷的需求和清兵的掠夺等，这些都加重明朝百姓的负担，明朝中期之后时常发生农民起事。

1627年，陕西澄城饥民暴动，拉开了明末民变的序幕，随后王自用、高迎祥、李自成、张献忠等农民起事，最后发展成雄踞陕西、河南的李自成与先后占领湖广、四川的张献忠两大起义军。

1644年3月，李自成率军北伐攻陷大同、宣府、居庸关，最后攻克北京。明思宗朱由检在煤山自缢，明朝作为统一国家结束。

明朝无论是在铁、造船、建筑等重工业上，还是在丝绸、纺织、瓷器、印刷等轻工业上，在世界上都享有盛誉。

明朝以较短的时间完成了宋朝手工业从官营到私营的演变，而且变化得更为彻底。迄至明朝后期，除了盐业等少数几个行业还在实行以商人为主体的盐引制外，一些手工业都摆脱了官府的控制，成为民间手工业。

晚明时中国民间私营经济力量远比同期西方强大，当英国商人手工场业主拥有几万英镑已算巨富时，明朝民间商人和资本家动用几百万两的银子进行贸易和生产已经是很寻常。

郑芝龙海上贸易集团的经济实力达到每年收入数千万两白银，当时荷兰的东印度公司根本无法与之相抗衡。

明代中后期，农产品呈现粮食生产的专业化、商业化趋势。

江南广东一大片原来产粮区由于大半甚至八九成都用来生产棉花甘蔗等经济作物而成为粮食进口区，其他一些地方则靠供给粮食成为商品粮食出口区。

哲学思想上，哲学家开始更多地思考现实问题与政治改良。如王阳明继承陆九渊的"心学"并发扬光大，他的思想强调"致良知"及"知行合一"，并且肯定人的主体性地位，将"人"的主动性放在学说的重心。

文学方面，我国小说史上的四大名著中的《西游记》、《水浒传》、《三国演义》与《金瓶梅》就是出于明朝。

在明代除了小说以外，戏曲、书法、诗文和绘画也有丰硕成果。比如汤显祖的戏曲《牡丹亭》，祝允明、文征明、王宠与唐寅的书法，诗文方面的"台阁体"、"唐宋派"和"公安派"，画坛上的

"吴门四大家"，以及徐渭的泼墨花卉和以董其昌代表的松江派等。

明朝的科技成果有很多，包括各个方面。有徐光启与利玛窦开始合译的《几何原本》，有宋应星的《天工开物》，还有李时珍著《本草纲目》，徐光启撰《农政全书》，徐霞客的《徐霞客游记》等。

明朝疆域最广的时候，东北抵日本海、鄂霍次克海、兀的河，即今乌第河流域，西北至新疆哈密，西南包有今西藏、云南，东南到海并及于海外诸岛。

明朝的外交为我国走向世界作出了贡献。为宣扬国威，加强与海外诸国的联系，明成祖派郑和出使西洋。从1405年至1433年，郑和7次航海，访问过亚非30多个国家和地区，最远到达红海沿岸和非洲东海岸地区。又派遣吏部验封司员外郎陈子鲁出使撒马儿罕、吐鲁番、火州等西域18国，加强了明朝同世界各国的经济政治上的往来。

拓展阅读

明太祖朱元璋的大臣宋濂在家设宴，第二天上朝时，明太祖问他请了哪些人饮了哪种酒。宋濂如实回禀，跟朱元璋知道的一样，就夸奖他老实，不讲假话。

大臣宋讷因公务繁杂，回到家中闷闷不乐。第二天上朝时，朱元璋问他："你昨晚生什么气呀？"

宋讷据实说了。

朱元璋扔下一张画像，告诉他，昨天他生气的时候，锦衣卫的人无法禀报，只得把他生气的模样画了下来送进了皇宫。

宋讷一看，吓得赶快匍匐在地，叩头请罪。

君主制顶峰的清朝

清朝由满族统治者建立。1616年，努尔哈赤称汗，国号大金，1636年，皇太极改国号为大清。1911年，辛亥革命爆发，清朝统治瓦解，从此结束了我国两千多年来的封建帝制。1912年，清帝被迫退位。清朝从后金建立开始算起，历经12帝，共计296年。

清朝前期，统一多民族国家得到巩固，基本上奠定了我国版图，鼎盛时领土达1300万平方千米。同时君主专制发展到顶峰。

清朝是我国历史上第二个由少数民族建立的统一政权，也是我国最后一个封建帝制国家，对我国历史产生了深远影响。

1616年，努尔哈赤在赫图阿拉自立为汗，国号大金，史称"后金"。在此前的1583年，他曾经以上辈遗留的13铠甲做最初的装备，相继兼并海西女真部，征服东海女真部，统一了女真各部。然后构筑城池，设置大臣，制订法律，受理诉讼，并建立八旗制度。

1618年，努尔哈赤公开反叛明朝政府，明朝举国震惊。1619年，明朝在萨尔浒之战惨败，几年间丧失辽东70余城。后来相继攻占辽阳、沈阳，首次迁都于辽阳，其后又迁都于沈阳。

1626年，努尔哈赤在宁远战役中被明军大炮打伤，不久去世。他的第八子皇太极继位。1635年，皇太极废除旧有族名"诸申"，也就是女真，定族名为"满洲"。1636年，皇太极称帝，改努尔哈赤时的大金国号为"大清"，正式建立清朝，改年号为崇德。

1643年农历八月初九，52岁的皇太极猝死于沈阳后宫。皇太极的第九子福临即位，年号顺治。福临是清朝第三位皇帝清世祖。

1644年，明朝崇祯帝在农民军的攻城炮声中自缢。驻守山海关的明将吴三桂见明朝形势急转直下，就向清军投降。清摄政王多尔衮趁机指挥八旗劲旅，兼程入关，以吴三桂为前导，进占北京。同年，清世祖迁都北京，祭告天地祖宗，表示他已是全中国的君主。

清朝入关后，剿杀农民军，铲除明朝残余势力。1659年，清军占领西南地区。并迁移湖广人口填川，以补充劳动力的不足。历经20多年的战争，清朝基本统一全国。

1662年，康熙帝8岁即位。在位期间，平定了"三藩之乱"，平定台湾郑氏政权，设立台湾府，使台湾回归祖国怀抱。他还在1685年和1686年，命令清军两次进攻盘踞雅克萨的俄军，遏制了沙俄对华侵略的野心；1689年，他派代表与沙俄代表签订了《尼布楚条约》，划定了中俄东部边界线。此外，还平定了回疆、准格尔等反动贵族的叛乱。康熙帝巩固和加强了祖国的统一。

自康熙时期至19世纪中期，我国在北起外兴安岭，南至南沙群岛的曾母暗沙，西起巴尔喀什湖和帕米尔高原，东抵鄂霍次克海、库页岛和台湾广大而神圣的领土内，实现巩固了全国的统一，加强了中央集权，成为当时世界上强大的国家。

康熙帝注意恢复和发展生产，采取了一系列有利于社会经济恢复和发展的措施。1669年，康熙下令废除圈地令，以后永远停止圈地，在一定程度上限制了贵族旗主的经济扩张，有利于自耕农民。

康熙还下令将明朝藩王的庄田改为"更名田"。康熙鼓励垦荒，从1671年起，陆续放宽垦荒起科年限，并规定垦荒有成绩，据开垦多少，给予不同官职，这促进了垦荒的积极性，到康熙末年，全国荒地基本上得到开辟。康熙适应了历史发展的需要，进行一系列统一战争，使局势趋向稳定，清政府大为巩固，又通过一系列的文治，促进了经济、文化的发展，使人民过上了和平生活。

1723年，雍正帝盛年登基，在位13年。他平定了青海亲王罗卜藏丹津叛乱，在西宁与拉萨分置办事大臣与驻藏大臣以管理青藏地区。1727年，与沙俄签订《恰克图条约》。

雍正帝作了重大改革，特别是对一些制度方面作了些改革。雍正起了

"康雍乾"三代承上启下的作用。

1736年，25岁的弘历登基，这就是乾隆帝。他执政60年，在文治武功方面都有建树，为巩固我国统一的多民族国家，发展清朝康乾盛世局面作出了重要贡献，确为一代有为之君。

乾隆帝于1757年粉碎了准噶尔贵族割据势力，统一天山北路。1759年平定天山南路大小和卓叛乱；1762年，清朝设伊犁将军，统管包括巴尔喀什湖在内的整个新疆。自从1762年起，清朝陆续派遣大批军队进驻新疆。永久驻军的官兵携带家眷，主要来自东北、河北等地的达斡尔族、满族等，为保卫祖国、开发边陲作出了巨大贡献。

1792年，清朝打退了廓尔喀对西藏的进犯。1793年，清朝中央政府制订和颁行了《钦定藏内善后章程二十九条》，对西藏地方的人事、行政、财政、军事、对外关系等各方面作了明确规定。

在"康乾盛世"时，社会经济发展非常快。首先是耕地面积迅速增加，至雍正时达到六千多万公顷，恢复并超过了明朝万历时期。加上农业技术的发展，单位面积产量的提高，使全国粮食总产量大大增加，我国人口在"康乾盛世"时突破了3亿大关。

清朝从乾隆末年开始有衰落现象，政治日渐腐败。军队的装备陈旧，操练不勤，营务废弛，纪律败坏。在财政上，国库日益亏空，入不敷出。阶级矛盾激化，相继爆发白莲教和天理教等农民起义。

1839年，道光帝为解决鸦片贸易的弊端，派林则徐到贸易中心广州宣布禁烟，此即虎门销烟。1840年，英国悍然发动了侵略中国的鸦片战争。1841年，清朝政府战败，被迫求和。1842年，清政府被迫同英国侵略者签订了我国近代史上第一个不平等条约《南京条约》。

西方各国迫使清政府开港通商，加上地方官吏地主兼并土地，使得传统农村经济受到破坏。各地纷纷起事，其中华北以捻军为主，华中华南以洪秀全太平天国与云南杜文秀、马如龙的云南回变为主。

1856年，英国借口"亚罗号事件"、法国借口"马神甫事件"共同发动了侵略中国的第二次鸦片战争。1860年，英法联军相继强迫清政府签订《天津条约》和《北京条约》。俄罗斯趁火打劫，从19世纪50年代至80年代，侵吞中国北方150多万平方千米领土。中国半殖民地半封建社会程度大大加深。

1861年，咸丰帝去世，其6岁之子载淳继位，即同治帝。咸丰帝本任命肃顺等八大臣赞襄政务，两宫太后与恭亲王奕䜣发动辛酉政变，两宫垂帘听政，最后由两宫之一的慈禧太后获得实权。在当时，奕䜣与曾国藩、李鸿章、左宗棠和张之洞等部分汉臣，在消灭太平军时认识到西方的船坚炮利，并且鉴于两次鸦片战争的失败，以"师夷长技以制夷"、中体西用为方针展开自强运动，又称"洋务运动"。

先后引入国外科学技术，建立现代银行体系、现代邮政体系、铺设铁路、架设电报网；培训技术人才并派遣留学

生到欧美日等先进工业国家，培育出唐绍仪与詹天佑等人才；开设矿业、建立轮船招商局、江南制造总局与汉阳兵工厂等制造工厂与兵工厂，建立新式陆军与北洋舰队等。

洋务运动使得清朝的国力有了一定程度的恢复和增强，到慈禧太后与恭亲王联合执政的同治年间，清朝在文武齐心合力之下，一度出现了较安定的局面，史称"同治中兴"。

至19世纪80年代，清朝军队装备和洋务运动之前相比有了明显提高；在1884年至1885年中法战争期间一系列战役中，清军和法军互有胜负。战后，清朝设立了海军衙门。

对外方面，1884年，清朝和法国为越南主权爆发了中法战争。清朝失去藩属国越南，越南成为法国殖民地，台湾也宣布建省。1885年英国入侵缅甸，清朝驻英公使曾纪泽向英国抗议无效，隔年被迫签订《中英缅甸条约》，承认缅甸为英国所有。

日本在明治维新后国力大增，1872年日本强迫清朝藩国琉球改属日本，清朝拒不承认，中日交恶。1894年中日甲午战争爆发，最后以清军落败而告终。

清政府于1895年与日本签订《马关条约》。清朝割让台湾和澎湖，失去藩属国朝鲜和租界。洋务派李鸿章建立的北洋舰队全面瓦解，也宣告自强运动最终失败。

随后，由光绪帝与梁启超和康有为领导发动的政治改革运动，又因为慈禧太后和保守派的反对，而软禁了光绪帝，变法因此失败，因为只有103天，因此又称为"百日维新"。

1900年，八国联军入侵北京。1901年签订了丧权辱国的《辛丑条约》。清朝于八国联军入侵后国势大坠，知识分子莫不提出各种方法拯救中国，主要分成立宪派与革命派两种改革路线。

革命派希望推翻清朝，建立中华共和。1894年孙文于夏威夷檀香山建立兴中会，1904年黄兴于长沙成立的华兴会，1904年蔡元培于上海成立光复会，此外还有其他革命团体。

1905年，孙文在日本联合兴中会、华兴会、光复会，成立中国同盟会，并提出"驱除鞑虏、恢复中华、创立民国、平均地权"纲领。

1907年，清政府筹设资政院，预备立宪，并筹备在各省开办咨议局。1908年7月颁布《各省咨议局章程及议员选举章程》，命令各省成立咨议局。同年颁布《钦定宪法大纲》，以确立君主立宪制政体，成立代议会。在立宪派成员的请愿下，清政府宣布把预备立宪缩短三年，预定在1913年召开国会。同年光绪帝与慈禧太后皆去世，溥仪继位，即宣统帝，其父载沣担任监国摄政王。

1911年5月，清政府组成由庆亲王奕劻领导的"责任内阁"，这是我国历史上首次君主立宪。不过，该内阁中的很多成员为皇族身份，故被称为"皇族内阁"，引发立宪派的不满和失望，很多转向于革命派合作。在清政府组成"责任内阁"的同时，四川等地爆发保路运动，清政府急派新军入川镇压。同年10月，革命派于湖北发起武昌起义，南方各省随后纷纷宣布独立。清政府任命北洋新军统帅袁世凯为内阁总理大臣，成立内阁并统领清军。袁世凯一方面于阳夏战争压迫革命军，另一方面却暗中与革命党人谈判，形成南北议和。

1912年2月12日，宣统帝溥仪颁布退位诏书，清朝灭亡，标志着我国2000多年来的君主制度正式结束。自此之后，我国进入民主时期。

清朝商业发达，分成十大商帮。其中晋商、徽商支配中国的金融业，闽商、潮商掌握海外贸易。清朝科技在医学、地理、建筑、农学、铁路取得的成果显著。

清朝的文化事业成功辉煌。清朝小说杰出者众，曹雪芹著《红楼梦》被认为代表着我国古典小说最高水平。《聊斋志异》、《儒林外史》和晚清谴责小说均有很大影响。

清朝的京剧源于明朝的昆曲和京腔，形成于乾隆、嘉庆年间。京剧是我国的"国粹"。

清代的绘画水准很高。清初朱耷、石涛的山水花鸟画，中期的"扬州八怪"，清末任伯年、吴昌硕的仕女花鸟画及杨柳青、桃花坞和民间年画均对后人有很大影响。

拓展阅读

努尔哈赤一生几次危险都是逢凶化吉，遇难呈祥。

有一次，他来到吉林长白山，在深山老林，经常遇到野兽的威胁。于是，他每天手中都拿着一根索拨棍，走到哪里带到哪里，形影不离。

据说这根索拨棍，帮助他渡过不少难关，一遇到困难，他就用索拨棍祭天，请天公保佑。

努尔哈赤当政后，为了不忘过去在长白山受的苦，就在沈阳故宫的清宁宫前立了一根索伦杆子。后来满族人家大门左侧都立有索伦杆子，求天保佑平安。

这就是满族立索伦杆子的来由。